中国高等教育学会高等教育学优秀博士学位论文丛书

我国研究型大学工科领域学术型博士生培养目标研究

WOGUO YANJIUXING DAXUE GONGKE LINGYU
XUESHUXING BOSHISHENG PEIYANG MUBIAO YANJIU

刘 俭 ⊙ 著

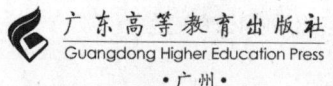

·广州·

图书在版编目（CIP）数据

我国研究型大学工科领域学术型博士生培养目标研究/刘俭著. —广州：广东高等教育出版社，2021.12
（中国高等教育学会高等教育学优秀博士学位论文丛书）
ISBN 978-7-5361-7142-8

Ⅰ. ①我… Ⅱ. ①刘… Ⅲ. ①博士生-研究生教育-培养模式-研究-中国 Ⅳ. ①G643.7

中国版本图书馆 CIP 数据核字（2021）第 215893 号

出版发行	广东高等教育出版社
	地址：广州市天河区林和西横路
	邮政编码：510500　电话：（020）87554153
	http://www.gdgjs.com.cn
印　刷	佛山市浩文彩色印刷有限公司
开　本	787 毫米×1092 毫米　1/16
印　张	12.75
字　数	248 千
版　次	2021 年 12 月第 1 版
印　次	2021 年 12 月第 1 次印刷
定　价	46.00 元

前　言

知识经济时代的全面到来，使作为知识生产单位的大学不可避免地被推向了经济社会的中心。在象牙塔的高墙之内，学科的交叉与融合使传统学科的边界变得愈发模糊。与此同时，知识生产模式也越来越多地从原来的学科逻辑转向问题逻辑，人们关注多元化的技能、跨学科的合作、组织的柔性和知识的实用价值。博士研究生教育中"探究的场所"展现出前所未有的广度和深度。另外，在象牙塔的高墙之外，越来越多的博士毕业生进入工商企业、政府部门工作，博士生就业的现实与将博士生教育培养为未来的大学教授这一传统目标之间出现较大的偏离。面对现实，我们需要思考：我们的博士生教育培养了什么样的人？我们要培养怎样的人？目前的博士生教育是否实现了这一目标？其实，这些问题最后都聚焦在一个话题上，即博士生的培养目标是什么。

博士生培养目标是处于博士生教育目标体系的中观层面上，是博士生教育目的的具体化和最终成果的预想，代表了各高校或学科对博士生教育所要达到的期望规格或要求，具有较强的学科和学校差异性。

本书关注的是我国研究型大学工科领域学术型博士生培养目标。工科是学术与现实连接最近的学科之一，近些年来，工科博士生就业去向也表现出了工科领域学术型博士生培养目标与毕业生就业去向之间的相互背离。通过访谈14位来自学术界和13位来自工业界的相关人士，根据扎根理论法的基本原理和研究思路，本书初步构建了"我国研究型大学工科领域学术型博士生培养目标要素清单"（以下简称"目标要素清单"），以期为我国研究型大学工科领域学术型博士生培养目标的构建提供参考。

与此同时，本书还调查了我国18所高校292个工科领域一级学科

博士生培养目标设置现状。一方面，调查了当前我国研究型大学工科领域学术型博士生培养的基本方向、特色及要求。另一方面，结合调查结果对初步构建的"目标要素清单"进行修正，以形成最终的"目标要素清单"，并且发现，当前各学科领域的博士生培养目标设置体现了博士生教育的正确方向、对国家层面博士生培养总目标的重视以及部分的学科特性；不过，在目标设置的重要性、设置原则的把握及满足现实需求等方面，仍存在不足。

最后，本书根据目标设定理论和目标管理理论等相关理论，在形成目标构建原则的基础上，以上海交通大学生物医学工程学科为例，通过分析学科的发展历史与现状、高校与学科特色，以及历年来的博士就业及职业发展状况等，在参考"目标要素清单"的基础上，尝试构建了上海交通大学生物医学工程学科的博士生培养目标。

总的来说，我国研究型大学工科领域学术型博士生培养目标的设置，应在充分考虑博士生教育发展的内在逻辑的基础上，关注当前越来越多的工科领域学术型博士毕业生进入工业企业就职的现实需求，通过借鉴国外大学博士生培养目标设置案例，把握目标设置的全过程，做好目标设置前的充分准备、目标设置中的广泛讨论和目标设置后的反馈检验等相关工作。

目 录

第一章 导论 ... 1
第一节 研究背景 ... 1
一、博士生培养目标的设置举足轻重 ... 1
二、环境的重大变化使博士生培养目标泛焦 ... 3
三、现实中的突出问题需要我们重新定位博士生教育 ... 5
四、我国高校的博士生培养目标设置有待完善 ... 7
第二节 概念界定 ... 8
一、博士生培养目标 ... 8
二、研究型大学 ... 11
三、工科领域 ... 12
四、学术型博士生 ... 14
第三节 研究意义和研究问题 ... 16
一、研究意义 ... 16
二、研究问题 ... 16
第四节 技术路线和研究方法 ... 17
一、研究思路 ... 17
二、研究方法 ... 17
本章小结 ... 18

第二章 文献综述 ... 19
第一节 大学的教育目的 ... 19
一、两种教育价值取向 ... 20
二、最有效的和谐 ... 21
第二节 博士生教育目的 ... 22
一、自21世纪以来围绕美国博士生教育目的的讨论 ... 23
二、博洛尼亚进程对欧洲发达国家博士生教育目的的影响 ... 26
三、我国博士生教育目的的历史演进 ... 31
第三节 博士生培养目标 ... 35
一、以研究为本的博士生培养目标 ... 36

　　二、就业现实对博士生培养目标的冲击 …………………… 37
　　三、博士生培养目标的重新定位与调整 ………………… 39
　　四、博士生培养目标要素的探索 …………………………… 40
　第四节　工科领域学术型博士生培养目标 ……………………… 42
　　一、工科领域博士生培养目标的普遍性与独特性 ……… 43
　　二、目标要素的探索 ………………………………………… 45
　第五节　文献评述 …………………………………………………… 47
　　一、观点的争论 ……………………………………………… 47
　　二、文献的启示 ……………………………………………… 49
　　三、潜在的研究缺口 ………………………………………… 50
　本章小结 ………………………………………………………………… 50

第三章　调查访谈与编码分析 ……………………………………… 51
　第一节　研究设计 …………………………………………………… 51
　　一、研究方法的选择 ………………………………………… 51
　　二、访谈原则与对象 ………………………………………… 52
　　三、访谈过程的实施 ………………………………………… 53
　第二节　数据收集 …………………………………………………… 54
　　一、博士生导师群体 ………………………………………… 54
　　二、工业界相关人士群体 …………………………………… 56
　第三节　样本统计 …………………………………………………… 57
　　一、博士生导师群体 ………………………………………… 57
　　二、工业界相关人士群体 …………………………………… 59
　第四节　编码分析 …………………………………………………… 61
　　一、初始编码 ………………………………………………… 61
　　二、聚焦编码 ………………………………………………… 66
　　三、理论编码 ………………………………………………… 71
　本章小结 ………………………………………………………………… 77

第四章　目标意义阐释与构建 ……………………………………… 78
　第一节　目标的内在意义及其结构关系 ………………………… 78
　　一、掌握学科知识的能力 …………………………………… 78
　　二、迁移能力 ………………………………………………… 79
　　三、沟通与交流的能力 ……………………………………… 81
　　四、创新能力 ………………………………………………… 83
　　五、表达能力 ………………………………………………… 84

六、学习能力 ……………………………………………… 86
　　　七、团队能力 ……………………………………………… 87
　　　八、思维能力 ……………………………………………… 88
　　　九、研究能力 ……………………………………………… 90
　　　十、企业胜任力 …………………………………………… 92
　　　十一、软实力 ……………………………………………… 95
　　　十二、教学与指导能力 …………………………………… 98
　　第二节　目标构建原则 ………………………………………… 98
　　　一、理论基础 ……………………………………………… 98
　　　二、构建原则 ……………………………………………… 101
　　第三节　初步构建的"目标要素清单" ……………………… 102
　　　一、清单的讨论 …………………………………………… 105
　　　二、清单的使用 …………………………………………… 109
　　本章小结 ………………………………………………………… 110
第五章　现状分析、对比与修正 ………………………………… 111
　　第一节　调查对象及方法 ……………………………………… 111
　　　一、调查对象 ……………………………………………… 111
　　　二、调查方法 ……………………………………………… 112
　　第二节　调查统计与分析 ……………………………………… 113
　　　一、从培养方案中提取目标要素 ………………………… 113
　　　二、目标要素的频次统计分布 …………………………… 116
　　　三、目标要素在现实与访谈中的比较 …………………… 120
　　　四、"目标要素清单"的最终形成 ……………………… 124
　　第三节　调查结论 ……………………………………………… 125
　　　一、高度认同"思想政治及健康要求"，体现了当前博士生
　　　　　教育的正确方向 ……………………………………… 125
　　　二、高度重视知识的掌握、研究能力和创新能力，体现了
　　　　　博士生教育的本质 …………………………………… 126
　　　三、关注博士生的工业界可雇佣性能力，体现了对工科领域
　　　　　学科特性的重视 ……………………………………… 126
　　　四、部分高校对工科领域学术型博士生培养目标设置的重视
　　　　　程度还有待提高 ……………………………………… 127
　　　五、部分培养单位对工科领域学术型博士生培养目标设置原则
　　　　　的把握不够 …………………………………………… 127

  六、部分培养单位的工科领域学术型博士生培养目标设置
    脱离了现实需求 ………………………………………… 128
 本章小结 ………………………………………………………… 128

第六章 构建尝试与政策建议 …………………………………… 130
 第一节 目标构建基础 …………………………………………… 130
  一、选取案例的必要性与可行性 …………………………… 130
  二、生物医学工程学科及其教育 …………………………… 131
  三、生物医学工程领域的就业及其行业发展 ……………… 132
  四、高校及学科的发展战略与定位 ………………………… 133
 第二节 选取案例的目标设置现状分析 ………………………… 134
  一、目标内容的文本分析 …………………………………… 134
  二、目标设置原则的分析 …………………………………… 135
 第三节 选取案例的目标构建尝试 ……………………………… 136
  一、目标意义的阐释与构建 ………………………………… 137
  二、目标构建的比较与分析 ………………………………… 143
 第四节 案例借鉴与政策建议 …………………………………… 145
  一、案例介绍 ………………………………………………… 145
  二、借鉴与建议 ……………………………………………… 148
 本章小结 ………………………………………………………… 152

第七章 结语 ………………………………………………………… 153
 第一节 主要的研究发现及贡献 ………………………………… 154
  一、研究发现 ………………………………………………… 155
  二、研究贡献 ………………………………………………… 156
 第二节 研究的创新点、局限性及未来展望 …………………… 157
  一、研究创新点 ……………………………………………… 157
  二、研究局限性 ……………………………………………… 157
  三、未来可能的研究展望 …………………………………… 158

附录一 ………………………………………………………………… 159
附录二 ………………………………………………………………… 161
附录三 ………………………………………………………………… 165
附录四 ………………………………………………………………… 170
附录五 ………………………………………………………………… 178
附录六 ………………………………………………………………… 181
参考文献 ……………………………………………………………… 184
致谢 …………………………………………………………………… 195

第一章 导 论

第一节 研究背景

一、博士生培养目标的设置举足轻重

博士生教育是当代国际上公认的学历教育的最高层次。博士作为一种学位，最早产生于13世纪上半叶的巴黎大学。最初它只是加入教师行会的一种资格证书。① 现代意义上的研究型博士，肇始于近代德国。早在17世纪德国就出现了"哲学博士"的称谓，但直到18世纪末19世纪初，"哲学博士"才逐渐为耶拿大学、柏林大学、莱比锡大学等高校所接受，成为德国高等教育的特色之一，并随后作为一种崭新的教育模式传至世界各国。② 从培养目标上看，德国受19世纪新大学理想和纯科学理念的双重影响，将博士生培养目标定位为培养纯理论研究者或科学接班人。③ 这种对"纯科学"的向往和推崇大大影响了德国的博士生培养模式。当时德国高等教育界普遍认为，社会发展的确需要应用技术型人才，教育系统也有责任培养出这样的人才，但这项任务绝不是博士生教育应该承担的。④

德国在博士生教育方面取得的成功，使其成为众多国家争相效仿的对象。例如，美国博士生教育体系就源自欧洲的大学，特别是德国的大学。⑤

---

① 陈学飞，等. 西方怎样培养博士：法、英、德、美的模式与经验［M］. 北京：教育科学出版社，2002：28.

② WILLIAM C. Academic Charisma and the Origins of the Research University［M］. Chicago：University of Chicago Press，2006：192－194.

③ 张英丽. 学术职业与博士生教育［M］. 武汉：华中科技大学出版社，2009：46.

④ 陈学飞，等. 西方怎样培养博士：法、英、德、美的模式与经验［M］. 北京：教育科学出版社，2002：76.

⑤ 戈尔德，沃克. 重塑博士生教育的未来［M］. 刘俭，译. 上海：上海交通大学出版社，2015：104.

不过，美国并未照搬德国大学的模式，而是在借鉴的基础上，形成了自己的特色。自1861年美国耶鲁大学谢菲尔德理学院授予第一个哲学博士学位起，在150余年的历史中，美国博士生教育以其所产生的高质量学术成果和高水平学术人才而超越欧洲，并蜚声世界。1876年，随着约翰斯·霍普金斯大学的建立，美国最终形成了研究型大学的新范式。研究型大学、研究生院及博士生教育中的各个要素，都伴随着美国博士生教育的辉煌成就而走向世界。1920年，美国哈佛大学首次设立了教育博士学位（Doctor of Education, Ed. D），一种崭新的学位类型，也就是说，专业型博士学位率先在美国确立并迅速发展起来。现在美国的博士生教育，既注重培养研究型人才，又注重培养专家型人才，从而兼顾了科学研究与专业化两方面的需求，形成了"学术兼顾应用"的特色。博士生教育从单一的培养研究型人才转变为既培养研究型人才又培养复合应用型人才。博士生培养目标出现了多元化的趋势，并逐渐在世界范围内被接受。

1978年，我国拉开了现代博士生教育的序幕。1981年，国务院批准的《中华人民共和国学位条例暂行办法》，规定了学位授予的学科门类与相应的学术标准，并设立博士学位授权一级学科点812个。截至2020年，我国（除港澳台地区外，没有特殊说明，下同）已累计授予博士学位近95万人，基本实现了立足国内培养高层次专门人才的战略目标。在培养目标上，我国博士生教育强调的是培养学术型人才与应用型人才并举，但以培养学术型人才为主，并通过基础理论和专门知识、研究能力、创新性成果①三个方面加以体现。

博士生教育的目标定位，集中体现了人们对博士生教育功能的认识，是博士生教育活动过程中，乃至整个博士生教育改革、发展的逻辑起点和基本前提。瑞典教育学家托斯坦·胡森（Torsten Husen）指出："高等教育质量的高低，就是指高等教育活动所产生的结果（或效果）达到既定目标的程度，或者说满足社会及受教育者需求的程度。"② 我国学者王承绪也指出："培养质量是指高校里进行的某些教育活动的目标达到什么程度。"③ 事实表明，教育质量本身是教育目标的要素和维度，它以追求"好的教育"为价值

---

① 张英丽. 学术职业与博士生教育［M］. 武汉：华中科技大学出版社，2009：154.

② 胡森，施良方. 论教育质量（特约稿）［J］. 华东师范大学学报（教育科学版），1987（3）：1-10.

③ 王承绪，徐辉. 发展战略：经费、教育科研、质量［M］. 杭州：杭州大学出版社，1993：270.

旨趣。① 因此，当我们关注博士生教育时，首先就要关注博士生培养目标，只有在明确目标的前提下，才能有效地开展随之而来的实践活动，才能获得评价实践活动的衡量依据，才能积极地保障实践活动的质量，才能使关于博士生教育其他方面的研究变得更有意义。

二、环境的重大变化使博士生培养目标泛焦

进入20世纪晚期，博士生教育环境发生了令人瞩目的变化。经济合作与发展组织（OECD）在1996年的年度报告《以知识为基础的经济》中指出："知识经济是以知识（智力）资源的占有、配置、生产和使用（消费）为最重要因素的经济。"② 20世纪以来，人类社会的发展突然驶进了一个全面加速的时代。据统计，截至20世纪80年代，人类所获得的科技知识的90%都来自第二次世界大战以后；而进入21世纪以后，人类所获得的科技知识又翻了一倍。一方面，这种以四次科技革命为标志的知识爆炸，不仅使"知识"的重要地位获得了空前提高，而且还引发了知识经济的发展，并进一步推动"学术知识发展了工业生产上的奇迹"③。更重要的是，知识经济中的"学术知识"在经济学界虽无统一明确的界定，但普遍都默认这种知识不是一般知识，而是能纳入生产函数，并作为第一生产函数的知识，是推动生产力发展的最具决定性和关键性作用的知识。④ 另一方面，在全面进入知识经济时代以后，作为这种学术知识生产单位的大学，不可避免地被推向了经济社会的中心。

"知识"的极大丰富和迅猛增长，使其在大学面前展现出前所未有的广度和深度。大学的许多制度安排都围绕"知识"的发现、增长、保存、传播和应用为聚焦点。在此过程中，新知识不断涌现，学科的交叉与融合使传统学科的边界变得愈发模糊，许多研究对象不再为某个学科所独有。⑤ 学科已逐渐打破了单一化的壁垒，向着"多学科"和"交叉学科"的发展迈进。

---

① 王国明. 从"培养目标"到"质量目标"："教育质量"观发展演变的一种趋势[J]. 当代教育科学，2012（19）：38-40.

② 贺向东. 论知识经济与成人教育[J]. 北京成人教育，1998（7）：6-8.

③ 布鲁贝克. 高等教育哲学[M]. 王承绪，等译. 杭州：浙江教育出版社，1987：17.

④ 付八军. 知识经济与高等教育的相关性探析[J]. 高等教育研究，2005（3）：12-16.

⑤ 汤晓蒙，刘晖. 从"多学科"研究走向"跨学科"研究：高等教育学科的方法论转向[J]. 教育研究，2014，35（12）：24-29.

在所有学术领域里,很多重要的新观点和新发现出现在相邻学科的交汇处。①因此,大学不仅要关注新知识的增长,更要关注不同学科领域中的新突破。在人才培养方面,大学不仅要重视致力于学生的学术和智力发展,更要重视致力于培养能够探究知识,随后能够在工业界、商界、政府部门以及大学中发挥领导作用的一流学生。②博士生教育目标也逐渐聚焦于"为学生将来的职业生涯做准备"③。培养公民责任、公民义务和富有责任感的公民等一系列元素都随之进入了大学博士生培养目标的清单中。

"泛焦"是摄影技术方面的一个专有名词,意指画面里一定范围内的景物全部都呈现出清晰的状态。④从字面意义来说,"泛焦"是指焦点过多,与"聚焦"构成相反的意义;并且"泛焦"中的过多焦点是未经思考、未经分析的被动呈现,与系统性的目标"多元化"完全不同。事实表明,博士生教育环境的重大变化,使许多大学都主动或被动地将一些原本不被博士生教育所关注的内容,当作"焦点"纳入到博士生教育体系中,从而使博士生培养目标泛化,并遮盖了其最基本、最核心的部分。我国学者陈贵梧针对美国297所研究型大学的培养目标进行了相关研究,并发现研究(91.9%)、知识(64.7%)、教学(47.9%)、智力发展(33.9%)、全球化(28.9%)、多样化(25.8%)、领军人物(24.9%)、国际化(24.4%)、学术能力(20.4%)、公共服务(16.3%)、终身学习(12.2%)、伦理(12.2%)、公民责任(5.4%)、职业(10.4%)、道德(6.3%)、精神(5.4%)、情感(1.4%)、公民义务(4.5%)、社区服务(3.6%)、富有责任感的公民(2.3%)、创业(1.4%)和公民参与(0.9%)等22个语意单位,已均被纳入目标表述的关键词中。⑤那么,这些语意单位的数量及形成,亟待审慎的思考与深入的分析。"泛焦"所带来的最直接的危害,就是由于焦点过多而使大学在人才培养方面的关注度分散,无法形成有效的合力,发挥出整合资源的集中优势,从而在教育实践的过程中造成针对性不强和明确性不够的局限性。

---

① 戈尔德,沃克. 重塑博士生教育的未来 [M]. 刘俭,译. 上海:上海交通大学出版社,2015:65.
② 孙莱祥,张晓鹏,刘凡丰,等. 研究型大学的课程改革与教育创新 [M]. 北京:高等教育出版社,2005:73.
③ 孙莱祥,张晓鹏,刘凡丰,等. 研究型大学的课程改革与教育创新 [M]. 北京:高等教育出版社,2005:88.
④ 张文德. 夜间街拍要点 [N]. 中国摄影报,2015-12-25.
⑤ 陈贵梧. 美国研究型大学的核心使命及其演变研究:基于使命陈述中关键词的词频分析 [J]. 复旦教育论坛,2013,11(1):80-85.

三、现实中的突出问题需要我们重新定位博士生教育

随着博士生教育规模的不断扩大,以及不同行业对博士学位获得者需求的日益增加,博士毕业生的就业去向趋于多样化。① 越来越多的博士毕业生进入工商业、政府部门工作,他们的就业状况与博士生教育培养未来大学教授这一传统目标之间出现了较大的偏离。② 具体统计数据详见表1-1。

如果将"高等院校"和"科研院所"归结为学术界,工商业界、政府或其他公共部门、其他部门等归结为非学术界,像法国、英国、西班牙、比利时、丹麦、荷兰和芬兰这些发达国家的博士毕业生就职于学术界的比例均低于非学术界。

在我国,博士毕业生就职于学术界的占比逐年降低的现象也愈发明显。根据"中国教育在线"官方网站公布的近几年《教育部75所直属高校就业质量年度报告》,提取其中部分高校博士毕业生就业去向分布的数据,将就职于"高等教育单位"和"科研设计单位"的博士毕业生占比统计为博士毕业生就职于学术界的占比,具体统计数据详见表1-1。

表1-1 2015—2019年我国部分高校博士毕业生就职于学术界的占比

学校	2015年	2016年	2017年	2018年	2019年	各校5年平均占比
重庆大学	62.2%	69.8%	68.7%	57.5%	57.4%	63.1%
天津大学	52.9%	59.5%	63.7%	61.2%	60.9%	59.6%
西安交通大学	55.8%	53.0%	61.6%	52.3%	51.9%	54.9%
北京大学	57.3%	52.7%	55.2%	46.5%	42.7%	50.9%
中南大学	74.7%	71.0%	34.1%	37.0%	36.0%	50.6%
同济大学	62.6%	57.2%	38.5%	35.5%	32.3%	45.2%
清华大学	47.1%	47.0%	39.7%	36.7%	34.9%	41.1%
浙江大学	35.1%	36.7%	34.9%	33.6%	32.5%	34.6%

---

① 王东芳. 博士生教育质量评价:新情境下的挑战与启示[J]. 学位与研究生教育,2012(2):14-19.

② 庄丽君,刘少雪. 培养规模和就业变化对博士生教育的影响研究[J]. 研究生教育研究,2012(4):7-10,26.

续上表

学校	2015年	2016年	2017年	2018年	2019年	各校5年平均占比
上海交通大学	23.2%	22.9%	19.0%	20.4%	20.6%	21.2%
复旦大学	17.4%	6.6%	25.9%	24.0%	23.8%	19.5%
电子科技大学	19.4%	18.4%	17.9%	14.3%	14.7%	16.9%
吉林大学	18.8%	17.8%	13.3%	15.4%	14.2%	15.9%
年度平均占比	43.9%	42.7%	39.4%	36.2%	35.2%	—

资料来源："中国教育在线"官方网站所公布的《教育部75所直属高校就业质量年度报告》，http://www.eol.cn/。

由表1-1发现，所选取的12所国内高校博士毕业生就职于学术界的平均占比自2015年逐年递减；各高校博士毕业生就职于学术界的5年平均占比均不超过65%。其中，同济大学、清华大学、浙江大学、上海交通大学、复旦大学、成都电子科技大学和吉林大学等7所高校的5年平均占比均小于50%，吉林大学的占比最低仅为15.9%。将2019年的最新数据与5年平均占比进行比较后发现，大多高校2019年博士毕业生就职于学术界的占比低于5年平均占比，说明博士毕业生就职于学术界的占比仍呈下降趋势。总体而言，上述我国部分高校博士毕业生就职于学术界和非学术界的比例总和也接近1。另外，需要说明的是，这里所选取的高校均为设有研究生院的"双一流"大学，同时也是我国首批工程类博士生培养单位的试点高校，因此，这些高校的博士毕业生就业去向，可以代表我国研究型大学工科领域学术型博士毕业生就业去向的大趋势。

无论是就职于学术界还是非学术界，博士毕业生的就业准备似乎都显不足，就像美国加州大学伯克利分校的化学教授史黛西（Angelica M. Stacy）所质疑的："没有人教导我们应该如何从事教学工作，也没有人教导我们应该如何辅导研究生。然而年复一年，我们却期望新晋助理教授（他们不久前还是我们的学生）能够成功地招收研究生、启动科研、撰写论文和基金申请书、承担课堂教学任务等。他们应该如何完成这些期望呢？"① 另外，企业界和公共部门也都在集体抱怨，即几乎所有领域的博士，其跨学科的知识和运

---

① 戈尔德，沃克. 重塑博士生教育的未来［M］. 刘俭，译. 上海：上海交通大学出版社，2015：167.

用知识的能力都有欠缺。基于欧洲五国博士生的一项调查表明："教育和技能之间的不匹配确实存在，这意味着现有知识技能与劳动力市场需求之间的不匹配，传统的不匹配必须适应高等教育和工作之间更为灵活的形式。"[①]

四、我国高校的博士生培养目标设置有待完善

我国现代意义的学位制度是在借鉴西方高等教育的基础上，结合我国传统的教育理念而形成的。早在1935年，中华民国国民党政府就颁布了《学位授予法》，将学位分为学士、硕士和博士三个等级，但直至1949年均不曾授予博士学位。我国博士生教育真正起步于《中华人民共和国学位条例》（1980）和《中华人民共和国学位条例暂行实施办法》（1981）出台之后；它们从国家法规政策层面阐述了博士学位授予单位的遴选、博士生的招生考试、课程学习及考核、科学研究和学位论文等，指导我国博士生教育的发展。

1982年，国家教育委员会[②]颁布的《关于招收攻读博士学位研究生的暂行规定》提出博士生培养目标是"德智体全面发展，在本门学科上掌握坚实宽广的基础理论和系统深入的专门知识，具有独立从事科学研究工作的能力，在科学或专门技术上做出创造性成果的高级科学专门人才"。《中华人民共和国高等教育法》（1998年颁布、2015年修订）规定，"博士研究生教育应当使学生掌握本学科坚实宽广的基础理论、系统深入的专业知识、相应的技能和方法，具有独立从事本学科创造性科学研究工作和实际工作的能力。"2004年修订的《中华人民共和国学位条例》规定，博士学位获得者必须在本门学科上掌握坚实宽广的基础理论和系统深入的专门知识，具有独立从事科学研究工作的能力，在科学或专门技术上有创造性的成果。所有这些规定，都从知识、能力和成果这三个方面描述了博士生教育和博士学位授予标准的要点，可以成为探讨我国博士生教育目的的主要切入点。

博士生教育目的只有从国家层面转化为高校具体的培养目标时，才能对人才培养工作发挥规置性作用。如何将国家层面的教育目的转化为学校、学科的具体人才培养目标，则是一个值得深入研究的问题。本书着力关注我国研究型大学工科领域学术型博士生培养目标的原因在于：一是在工科领域中，出现了大量博士毕业生就职于非学术界的情况，博士生教育与就业错位

---

① ALLEN J, WEERT E D. What Do Educational Mismatches Tell Us About Skill Mismatches? A Cross-country Analysis [J]. European Journal of Education, 2010, 42 (1): 59-73.

② 1998年3月，国家教育委员会更名为教育部。

问题较为突出;二是在我国博士生教育中,工科领域博士生规模占比最大,2020年占比达到64.1%,其影响面和重要性也较为显著。因此,以我国研究型大学工科领域学术型博士生培养目标为例,开展研究与探索具有典型意义,同时也为加深理解我国研究型大学工科领域学术型博士生培养目标的设置与保障,提供重要的参考与借鉴。

第二节 概念界定

一、博士生培养目标

(一)目的与目标

在《现代汉语词典》中,"目的"是指想要达到的地点或者境界;想要得到的结果。"目标"是指射击、攻击或寻求的对象;想要达到的境地或标准。"目的"和"目标"是近义词,它们都指向某种行为活动的结果,但两者之间仍有细微差别。

一般来说,"目的"所要表达的意义较为抽象,有时甚至可将其理解成一种梦想或期望。因此"目的"所指的是某种行为活动的普遍性、统一性、终极性的宗旨或方针。"目标"所要表达的意义则较为具体,有时可将其理解成为实现目的而进行的一种短期规划。因此"目标"所指的是某种行为活动的特殊性、个体性、阶段性的追求或探寻。由此可见,"目的"是某种行为最终达成的结果,而"目标"则是实现最终结果的具体性或阶段性指标;"目的"作为一种指导思想贯穿于每个具体"目标"之中,并依靠"目标"得以实现。"目的"是概括性的、无时限的;"目标"是可考量的、有时效的。"目的"可被分解为若干具体的"目标",而"目标"必然围绕着"目的"而进行设置。

关于"目标"的研究,大多出现在与管理学相关的文献中。管理学的实践者与理论者认识到,目标在管理中所起的作用举足轻重。特别是,随着"目标设定理论(goal setting theory)"以及"目标管理理论(management by objective)"的相继出现,关于"目标"的研究日趋丰富。学者苏利文(Dan Sullivan)认为,目标和目的应是真实的,且是可实现的。在尽可能的情况下,目标应被表现为在一个特定的时间内,达到预期效果的书面声明中的定量、适量、具体的条款。① 另有专家用 SMART 来标记目标的主要特征，即具体的（specific）、可衡量的（measured）、受到认同的（agreed）、现实可行的（realistic）、有时限的（time bound）。② 目标应包括"完成什么"和"何时完成"；如有可能，"所期望的质量"和"为实现目标所需要的成本"也应表示出来。目标要有一定的挑战性，要有重点，要能促进个人职业生涯的成长和发展。目标要有意义就必须是表达清晰的。清晰的目标一旦被接受则会产生激励作用，对绩效具有显著的正面影响，发挥出"投影仪"的作用。③ 没有明确的目标，管理工作就会杂乱无章，任何个人和群体都不可能高效地工作。④

总的来说，目标是指人们想通过行动而达到的目的，指由此而出现的任务，也指发生在行动之后，作为终点而表现出来的结果。⑤ 目标应是具体明确的、可衡量的、受到认同的、现实可行的、有时限的、有挑战性的。目标具有引领、激励和参照的作用。目标可以分为长期目标、中期目标和短期目标，而总目标则可以分解成子目标，形成一个由各级目标构建而成的网络和目标体系。

（二）教育目的与培养目标

教育目的是指人们在教育活动中想要达到的结果，是教育实践活动的出发点和归宿；是人们在教育活动中对教育结果的设想，对教育所要造就的个体质量规格做出的规定。教育目的规定了把受教育者培养成什么样的人，是培养人的质量规格标准，是对受教育者的一个总的要求。教育目的对教育实践活动具有导向、协调、激励以及评价的作用。⑥ 目的是其之后一系列行为或活动的起点与参照，没有目的，所有的行为或活动都是混乱的、迷茫的、无从谈起的、无法衡量的。

---

① 克瑞尼. 管理学原理 [M]. 姜思琪，吴茜，刘路娟，译. 11 版. 北京：清华大学出版社，2012：38.
② 希特，布莱克，波特. 管理学 [M]. 贾良定，范秀云，等译. 北京：高等教育出版社，2005：125.
③ 希特，布莱克，波特. 管理学 [M]. 贾良定，范秀云，等译. 北京：高等教育出版社，2005：136.
④ 孔茨，韦里克. 管理学：国际化与领导力的视角 [M]. 马春光，译. 9 版. 北京：中国人民大学出版社，2013：58.
⑤ 布列钦卡. 教育科学的基本概念：分析、批判和建议 [M]. 胡劲松，译. 上海：华东师范大学出版社，2001：96.
⑥ 陈焕章. 教育原理 [M]. 上海：上海教育出版社，2000：146.

在《教育大辞典》中，教育目的是指培养受教育者的总目标，有时也称之为教育目标。同时，教育目标也是各级、各类学校以及各专业的具体培养要求。① 可见教育目的，或者说教育目标，从概念上来说，既涵盖了教育的总目标，又包括了总目标之下的具体子目标，从而形成了自上而下、分级分层的教育目标体系。培养目标是指各级、各类学校或各个学段具体应达到的目标，是根据国家的教育目的和所在学校的性质及任务，对培养对象提出的特殊要求，是教育目的的具体化。② 在大量文献的行文表述上，有时候，"教育目的""教育目标"和"培养目标"不作区分，相互替代使用；有时候，它们又代表着不同的含义。

为更清楚而明确地界定研究对象，本书中采用"教育目的"概括教育的总目标；而用"培养目标"概括总目标之下的具体子目标。

（三）博士生培养目标

纵观历史，博士生教育具有明显的时代特征，不同时期博士生教育目的的基本定位具有明显的差异性。通过文献梳理，本书归纳总结了博士生培养目标大体经历的三个阶段，具体详见表1-2。

表1-2 博士生教育的历史演进及其阶段性的时代特征

阶段	时间	教育目的	代表性大学	时代特征
第①阶段	中世纪	培养大学教师③	博洛尼亚大学、巴黎大学④	①一元的（教学）；⑤ ②专注于知识的保存和传播；⑥

---

① 顾明远. 教育大辞典（增订合编本）[M]. 上海：上海教育出版社，1998：1349.

② 顾明远. 教育大辞典（增订合编本）[M]. 上海：上海教育出版社，1998：1351.

③ 勒戈夫. 中世纪的知识分子[M]. 张弘，译. 北京：商务印书馆，1996：6.

④ 哈斯金斯. 大学的兴起[M]. 梅义征，译. 上海：上海三联书店，2007：7.

⑤ 潘后杰，李锐. 欧洲中世纪大学兴起的原因、特点及其意义[J]. 四川师范大学学报（社会科学版），1993（3）：100-108.

⑥ 韦尔热. 中世纪大学[M]. 王晓辉，译. 上海：上海人民出版社，2007：51-52.

续上表

阶段	时间	教育目的	代表性大学	时代特征
第②阶段	19世纪	培养科学研究的接班人①	"德国模式"的大学，如柏林大学②	①二元的（研究与教学）；③ ②专注于知识的保存、传播和生产；④
第③阶段	20世纪以来	培养满足社会需求的尖端人才⑤	"美国模式"的大学，如德州农工大学	①多元的（满足社会需要的）；⑥ ②专注于知识的保存、传播、生产和应用⑦

资料来源：根据相关文献整理而成。

博士生培养目标是由参与博士生培养的具体单位，大学、科研院所遵循学科特点设置的，相较于博士生教育目的而言，博士生培养目标应是具体而明确的，在一定的时效内既有挑战性又现实可行，并获得参与博士生教育的各个主体的认同，从而起到引领、激励和参照的作用。

二、研究型大学

"研究型大学"一词的来源，可追溯至20世纪70年代，美国卡内基教学促进基金会认为，"研究型大学就是给研究以优先权、开展高层次的研究生教育，并以拥有可观的研究经费来体现核心素质和竞争力的大学"⑧，是高

---

① 贺国庆，王保星，朱文富. 外国高等教育史 [M]. 北京：人民教育出版社，2006：56.

② 李盛兵. 德国博士生教育高水平的历史探因 [J]. 高等教育研究，1994（2）：63-69.

③ 鲍尔生. 德国教育史 [M]. 滕大春，滕大生，译. 北京：人民教育出版社，1986：126.

④ 罗兰，王丹红. 为纯科学呼吁 [J]. 科技导报，2005（9）：74-79.

⑤ 高嵩. 20世纪60年代美国高等教育改革与高等教育大众化体系的形成 [J]. 外国教育研究，2006（5）：61-64.

⑥ 阿特巴赫，冈普奥特，约翰斯通. 为美国高等教育辩护 [M]. 别敦荣，陈艺波，等译. 青岛：中国海洋大学出版社，2007：213.

⑦ 黄海刚. 以学术为业：美国博士生教育本质之争 [J]. 清华大学教育研究，2009，30（6）：84-89，103.

⑧ 董秀华. 美国研究型大学综合实力评估的实践及启示 [J]. 比较教育研究，2002（8）：39-43.

等教育体系中居于最高端的大学。在人才培养方面,研究型大学能授予一定规模的博士学位,是博士生培养的主体力量。

1995年,我国教育部颁布的《研究生院设置暂行规定》主要从四个方面对设置研究生院的大学进行了认定。一是整体办学水平,要求"设置研究生院的高校应全面贯彻国家的教育方针,具有较高的办学水平和良好的办学基础,其整体实力和本科教育水平在全国同类高校中居于前列,在国内外具有一定的影响。学校主干学科专业水平较高、办学效益较好。在学校设置的本科专业中,硕士和博士学位授权学科、专业覆盖面较宽,并有若干学科居国内领先水平"。二是人才培养规模,要求"设置研究生院的高校的在校研究生具有一定规模,研究生与本科生之比、博士生与硕士生之比,应达到一定要求"。三是教学与科研水平,要求"设置研究生院的高校的科研水平较高,科研条件较好。科研任务、高水平教学和科研成果较多,教学设施和实验设备先进,国内外学术交流广泛"。四是科研经费水平,要求"设置研究生院的高校的教师人均科研经费较高,对国家经济建设、社会发展和科技进步贡献较大"。可见,我国经教育部认定设置了研究生院的大学,与国际通用的"研究型大学"的概念界定相近,可算是一般意义上的研究型大学。

根据上述特征综合考虑,研究型大学即指致力于硕士生和博士生教育,并将研究置于重要地位的大学。这样的大学,规模较大,学术层次较高,学科较为齐全,在校研究生与本科生数量相当,甚至研究生数量占有更大的比重。因此,本书中将建有经教育部认可的研究生院的大学视为研究型大学,总计56所。

三、工科领域

《中华人民共和国学位条例暂行实施办法》规定:"学位按以下学科的门类授予:哲学、经济学、法学、文学、教育学、历史学、理学、工学、农学、医学。"由此形成我国学科专业目录的基本框架。该框架先后产生了1983年的《高等学校和科研机构授予博士和硕士学位的学科专业目录(试行草案)》、1990年的《授予博士、硕士学位和培养研究生的学科及专业目录》、1997年的《授予博士、硕士学位和培养研究生的学科及专业目录》以及2011年的《学位授予和人才培养学科目录(2011年)》等四个版本。[①] 为进一步适应新时代我国经济、社会、科技和高等教育的不断发展,国务院学位委员会和国家教育委员会于2018年再次联合启动了学科目录修订,形成

---

① 梁传杰,罗勤,梁碧涛. 对研究生学科专业目录调整的回顾与思考[J]. 中国高教研究,2007(1):35-37,46.

了最新版的《学位授予和人才培养学科目录（2018年）》，其中工学门类包含39个一级学科，具体内容见表1-3。

表1-3 学位授予和人才培养学科目录（2018年）工学门类

一级学科代码	一级学科名称	一级学科代码	一级学科名称
0801	力学	0821	纺织科学与工程
0802	机械工程	0822	轻工技术与工程
0803	光学工程	0823	交通运输工程
0804	仪器科学与技术	0824	船舶与海洋工程
0805	材料科学与工程	0825	航空宇航科学与技术
0806	冶金工程	0826	兵器科学与技术
0807	动力工程及工程热物理	0827	核科学与技术
0808	电气工程	0828	农业工程
0809	电子科学与技术	0829	林业工程
0810	信息与通信工程	0830	环境科学与工程
0811	控制科学与工程	0831	生物医学工程
0812	计算机科学与技术	0832	食品科学与工程
0813	建筑学	0833	城乡规划学
0814	土木工程	0834	风景园林学
0815	水利工程	0835	软件工程
0816	测绘科学与技术	0836	生物工程
0817	化学工程与技术	0837	安全科学与工程
0818	地质资源与地质工程	0838	公安技术
0819	矿业工程	0839	网络空间安全
0820	石油与天然气工程		

资料来源：中国教育部官方网站。

事实上,处于不断发展和演进的知识体系中,将会根据某些共同特征所进行的划分而诞生学科。① 工科就是通过应用数学、物理学和化学等基础科学的原理,结合生产实践所积累的技术经验而发展起来的学科②,因此,本书中将《学位授予和人才培养学科目录(2018年)》中工学门类包含的39个一级学科视为工科领域。工科领域强调应用能力和实验技能,或者说,强调知识的应用。

四、学术型博士生

纵观博士生教育发展的历史可以发现,随着时代的变迁、社会需求的多样化和学术进步的日新月异,学位类型逐渐从单一走向多元。19世纪诞生的现代博士生教育以培养探究高深知识、从事高水平科学研究的学术型博士为起点;进入20世纪以后,一种崭新的学位类型,即专业型博士学位率先在美国确立并迅速发展起来。1920年,美国哈佛大学首次设立了教育博士学位(Ed. D),其后又逐渐产生了临床医学博士学位(Doctor of Medicine,M. D.)和工程博士学位(ENG. D)等。21世纪以来,除了学术型和专业型以外,欧洲的实践型博士学位(Practice-based Ph. D)作为另一种学位类型逐渐崭露头角。学位类型的多样化反映了博士生教育对社会现实需求的回应。

就概念而言,学术型博士学位(Ph. D)以培养研究型人才为主,侧重关注博士生的知识基础、理论掌握和学术研究等方面的高水平学术能力。英国高等教育质量保障机构认为:"学术型博士学位通常是基于原创性研究而授予的学位。"美国教育部国际事务办公室也将学术型博士学位界定为:"由博士研究生成功地完成答辩,并以博士学位论文的形式呈现独立研究而授予的学位。"从目前世界发达国家博士生教育的实际情况来看,学术型博士仍是博士生教育的主体。以美国为例,在最近十年博士生教育的发展历程中,专业博士学位授予总人数在博士学位授予总人数中的占比仅为3.79%。③

不过,学术型博士毕业生在传统上大多就职于学术界,而现在却越来越多地就职于学术界之外。自20世纪90年代中期开始,德国、法国、美国以

---

① 姚纬明,束龙仓,李枫,等. 产学研理论的创新与实践:工科研究生教育篇[M]. 南京:河海大学出版社,2012:22.

② 姚纬明,束龙仓,李枫,等. 产学研理论的创新与实践:工科研究生教育篇[M]. 南京:河海大学出版社,2012:19.

③ 吴敏,姚云. 美国专业博士学位的学科与规模特点研究[J]. 学位与研究生教育,2018(8):73-77.

及澳大利亚等国的博士毕业生就职于学术界的占比逐渐下降。其中，澳大利亚对博士毕业生初次就业去向进行调查的数据显示："初次就业为'教学与研究'学术岗位的占比从1994年的47%下降到2004年的23%。"① 经济合作与发展组织（OECD）对2006—2007年博士毕业生的调查数据也印证了这个趋势："在高等教育部门就业的占比为44.7%，工商业界为33.5%，政府机构及其他部门为21.8%。"另外，一项关于美国在校博士生就业意向的调查结果显示："仅有不到50%的在校博士生非常确定地表示，未来考虑从事相关的学术职业。"② 另一方面，博士毕业生就业去向也存在着较大的学科差异性。2013年，美国人文学科的博士毕业生在教育、研究机构中就职的占比高达67%，而理科为49%，工科仅为27%。相较而言，工科博士毕业生的就业分布呈现出明显的向非学术领域转移的趋势。2007—2008年，美国工科博士毕业生就职于非学术界的占比约为49%，2013年已上升至73%。③

目前，我国设置了五种专业博士学位（教育博士、口腔医学博士、兽医博士、临床医学博士和工程博士）。从全国范围来看，专业博士学位授予总人数在博士学位授予总人数中的占比从2009年的2.28%逐步增长到2016年的4.20%。④ 不过，即使专业博士学位授予总人数翻倍增长，学术型博士生教育仍是主体。2012年，教育部首批25所工程博士试点高校的47个工程博士学位点开始招生，每个招生领域每年有5个招生名额，截至2015年9月，全国在读工程博士生总计826名。⑤ 可见，即使是在实践性特征明显的工科领域，学术型博士生教育仍是绝对的主体。

---

①② NEUMANN R, TAN H K. From PhD to Initial Employment: the Doctorate in a Knowledge Economy [J]. Studies in Higher Education, 2011, 36 (5): 601-614.

③ JACKSON D, MICHELSON G. Factors Influencing the Employment of Australian PhD Graduated [J]. Studies in Higher Education, 2015 (9): 1660-1678.

④ 罗英姿，李雪辉. 专业学位博士研究生培养的路径依赖及其优化 [J]. 学位与研究生教育, 2018 (5): 55-60.

⑤ 汪志强. 我国工程博士研究生教育发展问题研究 [D]. 上海：华东师范大学, 2018: 34.

第三节 研究意义和研究问题

一、研究意义

（一）理论意义

博士生培养目标决定着博士生的培养方向和规格要求，是整个博士生教育的出发点和归宿。在理论层面上，本书关注我国研究型大学工科领域学术型博士生培养目标，通过厘清"教育目的"和"培养目标"等概念的内涵及其相互关系，从博士生教育利益相关者的视角出发，对不同群体关于博士生培养目标的理解差异进行了比较与分析，拓宽和丰富了我国研究型大学工科领域学术型博士生培养目标的理论研究。

（二）现实意义

博士生培养目标对博士生培养具有切实的指导意义，也是体现高校人才培养特色的途径之一。通过理论研究和实证分析，本书有助于读者清晰了解我国研究型大学工科领域学术型博士生培养目标的设置现状；另外，通过尝试博士生培养目标设置的具体过程，为后续的或其他学科领域的博士生培养目标设置，提供了重要的参考与借鉴。

二、研究问题

随着工科领域学术型博士毕业生的就业趋势逐步向非学术领域迁移，学术界内外如何看待博士生培养目标的设置，成为一个值得探讨的话题。因此，本书研究的问题主要围绕以下三个方面展开：一是我国研究型大学工科领域学术型博士生培养目标是什么？二是我国研究型大学工科领域学术型博士生培养目标应该是什么？三是我国研究型大学工科领域学术型博士生培养目标如何有效设置？

第四节 技术路线和研究方法

一、研究思路

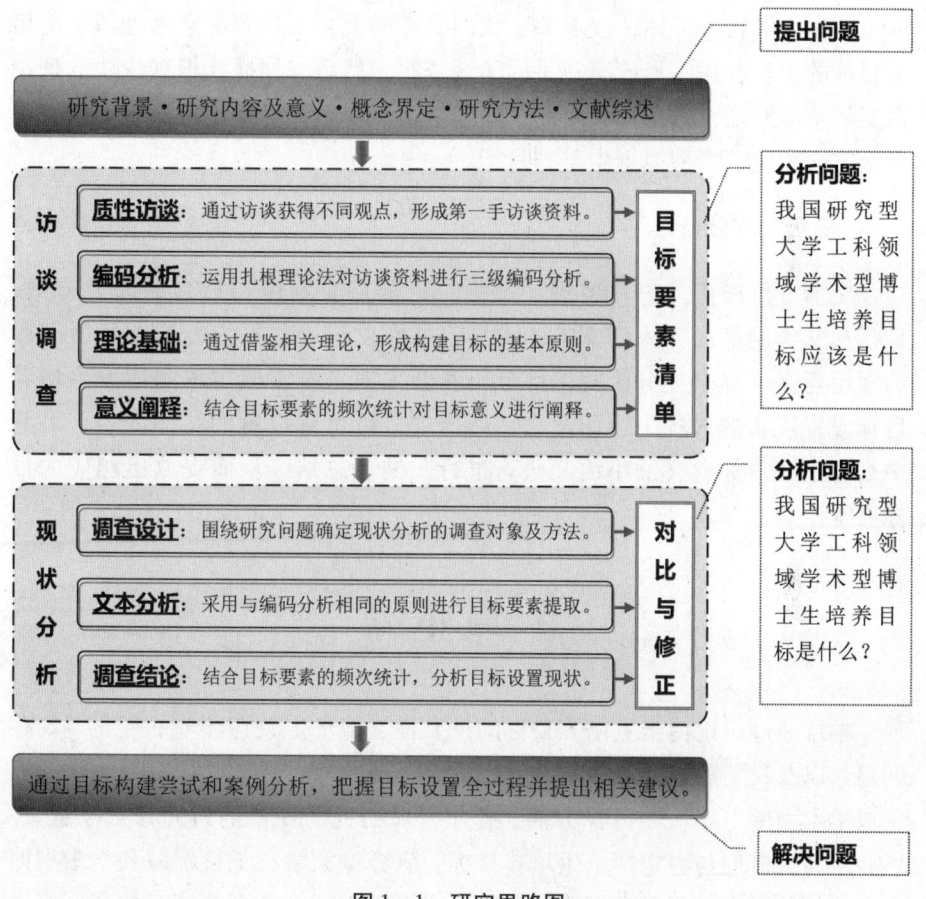

图1-1 研究思路图

二、研究方法

(一)文献分析法

文献分析法是通过搜集、鉴别、整理和研究文献形成对事实科学认识的方法。本书通过查阅、整理、分析和总结国内外相关文献,提炼关于博士生培养目标基本理论的核心观点，形成我国研究型大学工科领域学术型博士生培养目标构建中的关键性参考要素。

（二）扎根理论法（通过质性访谈法收集数据）

质性访谈法是管理咨询获取信息的常用方法。本书在收集数据的过程中运用此法，即通过访谈博士生导师、博士毕业生、学术界雇主、工业界相关人士或雇主等相关群体，获取关于我国研究型大学工科领域学术型博士生培养目标的主观看法，形成第一手的访谈资料。然后，根据扎根理论法的理论框架和基本原则，运用三级编码手段分析访谈资料，最终构建了我国研究型大学工科领域学术型博士生培养目标。

（三）文本分析法

文本分析法作为一种客观、系统、定量与非定量相结合的研究方法，是指从文本的表层深入到文本的内层，从而发现那些不为普通阅读所把握的深层意义。本书在分析我国部分研究型大学工科领域学术型博士生培养目标设置现状的过程中运用此法，即通过分析目标设置的具体内容，对其中具有不同目标含义的小语义段落进行归纳、总结，从而提取出相应的目标要素。

本 章 小 结

本章通过讨论博士生培养目标的重要性、博士生教育环境的变化、现存问题，以及我国高校博士生培养目标的设置现状等，以我国研究型大学工科领域学术型博士生培养目标为例，提出开展研究与探索的研究背景及意义。然后，通过梳理与界定博士生培养目标、研究型大学、工科领域和学术型博士生等相关概念，明确本书所涉及核心概念的内涵、外延与相互关系。更进一步，本书研究的问题主要围绕三个方面展开，即我国研究型大学工科领域学术型博士生培养目标是什么，应该是什么，以及如何有效设置。按照提出问题、分析问题和解决问题的研究思路，通过运用文献分析法、扎根理论法和文本分析法等研究方法，明确了开展研究的技术路线和呈现研究的篇章布局，为后续的研究打下了基础。

第二章 文献综述

一直以来，博士生教育都是社会和研究者的关注热点。其中关于我国博士生培养目标的研究，最早可追溯至20世纪80年代，但在其后的20余年间，研究视角大体停留在博士生培养质量、模式等层面，及至10余年前，研究者才开始关注职业发展对博士生培养目标定位的影响，以及博士生培养目标本身的质性研究。随着博士生教育面临的现实问题越来越多，研究者通过一系列的反思，开始将关注的目光转向博士生教育的整体定位和博士生培养目标的具体设置，故而关于博士生培养目标的研究也变得日渐丰富。笔者通过文献梳理发现，聚焦于工科领域学术型博士生培养目标的研究大致可分为三种形式：一是国家政策及相关文件的规定，即影响制定博士生培养目标的法律和政策基础；二是与博士生培养相关的调查报告，即从培养的视角考察博士生培养目标；三是在探讨博士生培养质量、现状、模式等问题时形成的理论专著、硕士/博士学位论文或学术期刊论文等。从研究视角来说，大致亦可分为三类：一是本体研究，即针对培养目标研究博士生培养目标；二是从博士毕业生就业或职业发展的视角研究博士生培养目标，这类研究所秉承的理念是"学以致用"；三是从博士生培养质量的视角研究博士生培养目标，这类研究致力于探讨博士生培养质量与培养目标之间的关系。

由于本书是围绕我国研究型大学工科领域学术型博士生培养目标开展的，故将分别从大学的教育目的、博士生教育目的、博士生培养目标和工科领域学术型博士生培养目标等四个相关层面进行文献梳理。在归纳、总结已有研究观点的基础上，尽可能地把握已有的研究成果，为本书的顺利开展打下良好基础。

第一节 大学的教育目的

教育目的是一个古老而常新的话题。古代先贤对教育的思考，几乎都会涉及关于教育目的的思想和观点,体现着他们对教育所寄托的梦想。① 不同历史时期、不同社会发展阶段,以及不同文化传统都会形成不同的教育目的论,从而使教育目的不可避免地带上了历史的烙印和社会的烙印。正因如此,不同的教育目的论形成了不同的教育目的流派,如以夸美纽斯(Johann Amos Comenius)和伊拉斯谟(Desiderius Erasmus)为代表的人文主义教育目的、以卢梭(Jean-Jacques Rousseau)为代表的自然主义教育目的、以裴斯泰洛齐(Johan Heinrich Pestalozzi)和康德(Immanuel Kant)为代表的新人文主义教育目的、以杜威(John Dewey)为代表的实用主义教育目的、以拉夏洛泰(La Chalotais)为代表的国家主义教育目的和以赫钦斯(Robert Mgynard Hutchins)为代表的永恒主义教育目的等。特别是,自近现代以来,每次意义深远、影响重大的教育改革,大多是以教育目的价值观念的革新为先导。由此可见,从价值理念上来看,秉承不同的价值理念,在构建教育目的时的出发点和依据也是不尽相同的。

一、两种教育价值取向

纵观历史,在教育目的背后所呈现的教育价值取向,大体可分为两种观点:一是个人本位的教育目的论,即教育的目的在于使人成为人,或者说,通过教育使个人获得自我实现。早在几百年前,西方近代教育理论奠基者夸美纽斯在《大教学论》中提出:"人的本身就是一种和谐,人在身心的各个方面都存在着和谐发展的因子,而教育的任务就是使这些因子得到真正的发展。"② 德国古典哲学创始人康德在《论教育学》中指出:"人类应该将其人性之全部自然禀赋,通过自身的努力逐步从自身中发挥出来,但这种自然禀赋的发挥不是自行发生的,而要借助于教育。"③ 英国数学家、哲学家和教育理论家怀特海(Alfred North Whitehead)在《教育的目的》中提到:"我们从自身中的目标是,要塑造既有广泛的文化修养又在某个特殊方面有专业知识的人才,他们的专业知识可以给他们进步、腾飞的基础,而他们所具有的广泛的文化,使他们有哲学般深邃,又有艺术般高雅。"④ 美国教育家、芝加哥大学第五任校长、永恒主义教育流派代表人物之一赫钦斯在《美国高等教育》中指出:"大学教育的目的与教育目的是一致的,即培养完人。"⑤ 二是

---

① 柳海民. 现代教育学原理导论[M]. 北京:高等教育出版社,2013:162.
② 夸美纽斯. 大教学论[M]. 傅任敢,译. 北京:教育科学出版社,1999:1.
③ 康德. 论教育学[M]. 赵鹏,译. 上海:上海人民出版社,2005:4.
④ 怀特海. 教育的目的[M]. 庄莲平,王立中,译. 上海:文汇出版社,2012:1.
⑤ 赫钦斯. 美国高等教育[M]. 汪利兵,译. 杭州:浙江教育出版社,2001:31.

社会本位的教育目的论，即教育存在和发展的理由不在人自身，而在人之外的社会，教育目的就是使人从"个体我"走向"社会我"。① 教育的出发点和归宿完全取决于社会需要。美国教育理论家及实践家杜威在《民主主义与教育》中提到："教育对象的发展规格具有方向性，并明显带有特定的社会烙印。"② 美国教育改革家、加州大学伯克利分校首任校长克尔（Clark Kerr）在《大学的功用》中指出："大学已成为实现国家目的的一种主要工具。这是一种新现象……知识产业在本世纪后半期可能要产生如同铁路在19世纪后半叶、汽车在本世纪上半叶所起到的作用，即成为国家发展的焦点，而大学则是知识产业的中心。"③ 美国哈佛大学前任校长博克（Derek Bok）在《走出象牙塔——现代大学的社会责任》中认为："大学凭常规的学术功能，通过教学项目、科学研究和技术援助等手段，承担满足社会需求的重要职责。为美国的未来，为全人类的未来，大学必须承担更多的社会责任。大学的人才培养职能包括本科教育和专业学院教育；科学研究职能包括基础研究和应用研究；社会服务职能包括促进经济增长和消除社会弊病，所有这些都是大学承担其社会责任的内涵。"④ 英国高等教育学家阿什比（EricAshby）在《科技发达时代的大学教育》中指出："大学为公众服务所提供的最需要的工作，就是把大学独具的多种学科的各类智慧，运用到解决适应社会变化的研究中去。"⑤

二、最有效的和谐

大学就是这样在时代发展的进程中不断挣扎。一方面，它不得不跟上时代发展的步伐主动迎合社会、政治、经济、文化和科技等方面的诸多需求；另一方面，它又要恪守追求真理和培养完人的大学使命。美国教育家布鲁贝克（John Seiler Brubacher）从哲学的角度分析了高等教育合法存在的基础。他认为："在20世纪大学确立它的地位的主要途径有两种，即存在着两种主要的高等教育哲学，一种哲学主要是以认识论为基础，另一种哲学则以政治

---

① 涂尔干. 道德教育 [M]. 陈光金, 沈杰, 朱谐汉, 译. 上海: 上海人民出版社, 2001: 60.

② 杜威. 民主主义与教育 [M]. 王承绪, 等译. 北京: 人民教育出版社, 2001: 69.

③ 克尔. 大学的功用 [M]. 陈逸飞, 等译. 南昌: 江西教育出版社, 1993: 42.

④ 博克. 走出象牙塔: 现代大学的社会责任 [M]. 徐小洲, 陈军, 译. 杭州: 浙江教育出版社, 2001: 73.

⑤ 阿什比. 科技发达时代的大学教育 [M]. 滕大春, 滕大生, 译. 北京: 人民教育出版社, 1983: 12.

论为基础。"① 强调认识论哲学的学者趋向于以'闲逸的好奇'精神追求知识为目的；而强调政治论哲学的学者则认为，探讨深奥的知识不仅出于闲逸的好奇，而且还因其对国家有着深远的影响。② 在美国高等教育中，认识论哲学和政治论哲学交替占据着统治地位。

认识论哲学很早就确立了以知识为目的的观念。与认识论哲学相比，政治论哲学把知识当作手段而非目的。认识论哲学和政治论哲学各持己见，争论不休。不过，最重要的是，它们两者之间并不是非此即彼，而是相辅相成的关系。如果大学不可避免地要卷入到复杂的社会中去的话，那么，我们就既需要专业方面的高深学问，也需要研究方面的高深学问。经验即历史表明，当这两方面相互结合起来的时候，它们各自都得到繁荣并发展。现实主义的认识论必须以实用主义的认识论作补充。这种方法大概可使高等教育哲学的政治论和认识论之间达到最有效的和谐。③ 不过，需要特别注意的是，虽然高等教育现实主义的认识论必须以实用主义的认识论作补充，但它决不能沦为完全的职业教育。"一个人必须不仅为工作做好准备，而且要为工作变换做好准备。"④ 也就是说，高等教育必须要在完全现实主义的认识论哲学与完全实用主义的认识论哲学之间游走，以寻求最佳的平衡。

事实上，不管是哪种教育目的流派或教育目的价值取向，均无绝对的是非对错之分。当追溯这些理论观点最初被提出时的历史背景和社会环境时，仍可发现它们被提出和存在的必要性。现在看来，虽已时过境迁，但这些理论观点仍能为思考博士生教育目的带来重要的启示和借鉴。

第二节 博士生教育目的

博士生教育目的是从国家层面上做出的关于博士生培养的总目标，它顺应大学的教育目的所秉承的价值取向，并随着时代的变迁而不断演进。它的历史发展反映的是博士生教育理念应对社会挑战的前进步伐。

---

① 布鲁贝克. 高等教育哲学 [M]. 王承绪，等译. 杭州：浙江教育出版社，1987：13.

② 布鲁贝克. 高等教育哲学 [M]. 王承绪，等译. 杭州：浙江教育出版社，1987：13-15.

③ 布鲁贝克. 高等教育哲学 [M]. 王承绪，等译. 杭州：浙江教育出版社，1987：27.

④ 布鲁贝克. 高等教育哲学 [M]. 王承绪，等译. 杭州：浙江教育出版社，1987：95.

中世纪大学的博士学位授予,最初是为满足大学自身培养教师的需求。那些想成为大学教师的人,必须要在大学修完所有课程,通过考试并顺利获得博士学位后,才能走上大学教师的岗位。随着现代大学的诞生,博士生教育开始强调理论与实践的结合以及教学与科研的结合。博士生教育不再简单地与大学教师的任教资格挂钩,而逐渐成为一种学术意义上的水平证明。[①] 博士生教育目的也随之由培养大学教师转向培养科学研究的接班人。进入20世纪以后,全球化时代的全面到来以及知识经济的飞速发展,均使以学科和大学为中心的知识生产模式,逐渐地在向应用情境中的知识生产模式转变。博士生教育开始看重人才培养与科学研究的紧密结合,强调博士生培养中的通识教育,鼓励并支持博士生开展跨学科研究。博士生教育目的再次随之转向既注重培养研究型人才,又注重培养专家型人才,从而兼顾科学研究与实用主义两方面的需求。

步入21世纪后,博士生教育出现三个主要转变:一是博士生教育不但聚焦于纯粹的知识探究,而且知识应用的含义与范畴也都变得越来越丰富,知识生产与社会的方方面面呈现出较为复杂的渗透关系;二是社会发展越来越需要通过博士生教育获取尖端人才,在高等教育大众化程度不断加深的同时,博士生教育自身也面临着来自社会发展的诸多目标诉求;三是劳动力市场多元化,使除大学自身以外的其他非学术性机构、政府部门、工商企业等相关利益主体都纷纷参与其中,呼吁博士生教育培养满足社会需求的高水平人才。因此,本书从美国、欧洲主要国家和中国等三个维度,聚焦新时代的博士生教育目的,梳理相关的文献研究。

一、自21世纪以来围绕美国博士生教育目的的讨论

美国的博士生教育获得了全世界范围内的广泛认同,经百余年来的不断调整、修正与变革,与整个学术体系形成了良好融合,被视为当代博士生教育最成功的典范之一。[②] 不过,关于博士生教育的认识往往存在着某种传统意义上的隐含假设,即博士生教育是在相关学科领域范围内开展的某种高级研究训练,其目的主要在于为学术界培养骨干人才。[③] 但是,随着知识经济

---

① WILLIAM C. On the Ironic Specimen of the Doctor of Philosophy [J]. Science in Context, 1992 (5): 97-137.

② ALTBACH P G. Doctoral Education: Present Realities and Future Trends [J]. Springer International Handbook of Education, 2006 (1): 76.

③ 徐贞,牛梦虎. 就业多元化趋势下博士生教育改革研究 [J]. 教育发展研究, 2017, 37 (9): 64-71.

社会的全面开启,研究者对博士生教育目的的理解与认识开始发生转变。

其一,研究者开始从国家需求层面的视角关注博士生教育目的。奈斯比特(John Naisbitt)认为:"大学作为对知识经济社会具有重要作用的关键机构之一,国家希望其所培养的博士人才可以更好地促进知识经济社会的全面发展。"① 同样地,丹尼斯(J. Denise)等也在相关研究中提到:"很多发达国家和地区开始强调高层次人才在知识经济社会发展中的重要战略作用。"② 不仅如此,丹尼斯甚至还进一步明确指出:"(很多发达国家和地区)将受过高层次科研和学术训练的劳动力,视为国家创新能力和国际竞争力提升的关键因素之一,因而积极倡导各类企业通过雇佣博士群体推动整个国家的产业升级。"③

其二,美国大学内外部环境的变化,促使研究者通过围绕博士生教育在全国范围的反思,重新思考、评估、修正和调整博士生教育目的。首先,在美国的大学内部,针对美国博士生教育中存在的若干主要问题,内拉德(Maresi Nerad)指出了与此相关的六个方面:一是博士生教育及其相关培养的覆盖面过于狭窄;二是博士生普遍缺乏对关键性专业技能的掌握;三是大多数的博士生都未能为承担教学工作而做好准备;四是博士生总是需要花费过长的时间来完成博士学位培养方案所限定的要求;五是博士生普遍不了解学术界以外的就业环境及其与此相关的职业发展状况;六是博士生从获得博士学位开始,到进入稳定的工作之间需要很长的转换期。事隔多年之后,美国研究生院委员会在2010年关于博士学位完成情况的报告中,更为详细地描述了长期以来困扰美国博士生教育的各种问题,诸如"低完成率、修业年限过长等"④,并进一步指出这些问题"严重影响了美国的博士生培养质量,甚至成为了造成困扰的'核心问题',而不成功的社会化恰是引起博士生学业中断的重要因素之一"⑤。其次,美国博士毕业生所面对的就业市场也在悄然发生着变化。受当代经济、政治、全球化问题以及人口环境等不确定因素的影响,美国博士毕业生的就业市场充满了不确定性,阿特巴赫(Philip G. Altbach)等指出,美国博士毕业生的就业状况可能从未像现在这样困难

---

① 奈斯比特. 中国大趋势:新社会的八大支柱[M]. 魏平,译. 北京:中华工商联合出版社,2009:27.

② JACKSON D, MICHELSON G. Factors Influencing the Employment of Australian PhD Graduated [J]. Studies in Higher Education, 2015 (9): 1660 – 1678.

③ NERAD M. The PhD in the US: Critisim, Facts and Remedies [J]. Higher Education Policy, 2004, 17 (2): 183 – 199.

④⑤ Council of Graduate Schools. PhD Completion and Attrition: Policy and Practices to Promote Student Success [R]. Council of Graduate Schools, 2010: 48.

过。如今新近毕业的博士生所面对的就业市场缺乏保障，而博士学位获得者所从事的工作类型也发生了重大变化。① 另外，普雷兹（David M. Callejo Perez）等根据美国卡内基教学促进基金会的调查在相关研究中发现："美国拥有300多个博士学位授予点，但仅有25%~30%的博士学位获得者在高等教育机构中从事教学或研究工作，且在大学当前雇佣教师的类型中，仅有约30%的教师是终身教授职位。所有这些都表明，当前博士毕业生就业的工作机构已不同以往了。"②

其三，美国就业市场中的学术界和非学术界雇主，对博士生教育目的的认识开始出现转变。在一项针对美国博士毕业生学术职业准备的相关调查中，古尔德（C. M. Golde）等发现："美国博士毕业生并不了解学术生活的内涵，缺乏从事学术职业所应具备的全面而系统的准备，难以满足21世纪以来高等教育在教学、科研与服务等方面的需求。"③ 不过，美国博士毕业生职业准备不足的现象不仅在学术界没有得到缓解，反而愈发蔓延到非学术界。归根结底在于，美国博士毕业生对其所应掌握的能力要求的认识和雇主需求之间存在着较大的偏差。阿什（Robin Usher）认为："雇主对博士人才的研究能力是予以肯定的，但却发现他们缺乏相应的非学术能力，如商业思维、适应工作环境的灵活性，以及公开介绍其研究成果的技能等。"④ 造成能力认识偏差的主要原因正如哈克莱（J. Hakala）所指出的，美国等发达国家的大量研究表明，博士生更关注的是如何获得博士学位，很少会为自身未来的职业生涯做规划。这不仅阻碍了他们去发现学术界以外的领域，还阻碍了他们习得非学术界工作所需要的技能。⑤ 职业准备不足与能力认识偏差的现象持续了相当长的一段时期，直至最近几年，仍有学者提出相似的质疑。内奎斯特（Jody D. Nyquist）等指出："在学术领域之内和之外的人士都声称，美国博士生教育中的科研训练不足以为博士毕业生承担其他方面的职责和工

---

① 阿特巴赫，波达尔，甘波特. 21世纪的美国高等教育：社会、政治、经济的挑战［M］. 施晓光，蒋凯，等译. 2版. 青岛：中国海洋大学出版社，2007：88-123.

② DAVID M C P, STEPHEN M F, JUDITH J S. Higher Education and Human Capital: Rethinking the Doctorate in America［M］. Rotterdam: Sense Publishers, 2011: 8.

③ GOLDE C M, DORE G P. At Cross Purposes: What the Experiences of Today's Doctoral Students Reveal about Doctoral Education［M］. Philadelphia: Pew Charitable Trusts, 2001: 3.

④ USHER, ROBIN. A Diversity of Doctorates: Fitness for the Knowledge Economy?［J］. Higher Education Research and Development, 2002, 21（2）: 143-153.

⑤ HAKALA J. The Future of the Academic Calling? Junior Researchersin the Entrepreneurial University［J］. Higher Education, 2009, 21（2）: 173-190.

作做好准备。"

通过文献梳理可以看到,从美国国家需求层面出发分析其对博士人才的期待、大学的博士生教育需要变革以应对存在的种种现实问题、博士毕业生就业市场出现的新格局,以及学术界和非学术界雇主对博士人才提出的新要求等,都切实需要美国博士生教育目的做出重新定位,并向着更加丰富的多元化目标内容转变。正如美国研究生院委员会所指出的:"美国博士生教育不仅是为了培养具有创新精神的研究者,还要为他们在政府和工商业界等部门就业做好充分的准备。"①

二、博洛尼亚进程对欧洲发达国家博士生教育目的的影响

1999 年,来自欧洲的 29 个国家齐聚于意大利的博洛尼亚,签署了《博洛尼亚宣言》,标志着博洛尼亚进程在欧洲正式拉开了帷幕。② 根据官方网站的解释,博洛尼亚进程是一个以建立欧洲高等教育区为目的的改革进程,其核心任务主要在于六个方面:①建立一个易识读、方便比较的学位体系;②建立以本科生和研究生教育为两个层级的高等教育体系;③建立欧洲学分转换体系;④推进学生、教师、研究人员和行政管理人员在欧洲的自由流动;⑤建立可供比较的质量标准和方法体系;⑥促进欧洲范围内高等教育的全面合作。③ 每隔两三年,各签约国都会举行一次高等教育部长级会议,同时形成标志性的政策文件,如 2001 年的《布拉格公报》、2003 年的《柏林公报》、2005 年的《卑尔根公报》、2007 年的《伦敦公报》、2009 年的《鲁汶公报》、2010 年的《布达佩斯—维也纳宣言》、2012 年的《布加勒斯特公报》,以及 2015 年的《埃里温公报》等。这些后续的政策文件都在《博洛尼亚宣言》所设定的总框架中不断加深改革的力度,努力实现欧洲高等教育区的宏伟目标。

通过文献梳理,可以发现,其中的部分政策文件关涉博士生教育目的。例如,2003 年的《柏林公报》提出,必须要超越以前那种强调学士和硕士两个层级的做法,并将博士生教育纳入到博洛尼亚进程中,作为高等教育的第三个层级;同时,还要促进博士生和博士后的跨国界流动性,鼓励各国大

---

① 黄海刚. 以学术为业:美国博士教育本质之争 [J]. 清华大学教育研究,2009,30 (6):84-89,103.

② 郝国伟. 欧洲 "博洛尼亚进程" 的新进展研究(2010—2015)[D]. 大连:辽宁师范大学,2017:3.

③ 刘亚敏,胡甲刚. 欧洲博士生教育改革十年:从政策到行动 [J]. 学位与研究生教育,2010 (6):66-71.

学在博士生培养上的合作。2005年的《卑尔根公报》从两个方面进一步强调了对博士生教育的高度重视,一方面,要不断推进博士生的结构化培养,以建立透明的监督和评价体系;另一方面,要继续加强对博士生的跨学科和迁移能力的培养,以扩大博士毕业生就业的适应性。2007年的《伦敦公报》再次对博士生培养模式及其课程改革提出了新的建议,除进一步深化结构化博士生培养模式改革以外,还要根据博士毕业生的就业市场和终身学习的需要,不断推动博士生培养的课程改革,提高博士毕业生的就业率。同时,通过发展多样化的博士生培养模式,提高博士毕业生的就业预期。2009年的《鲁汶公报》着重强调了博士生教育中的产学研合作,并进一步指出,要积极地为博士毕业生提供从事高水平的学科研究、跨学科研究以及跨领域研究的机会,要不断地加强政府、大学和企业三方之间的合作,大力提升博士生教育对就业市场及其职业发展的适应性。2012年的《布加勒斯特公报》围绕博士生教育中的就业和创业能力的培养进一步提出,培养毕业生的就业和创业能力是欧洲高等教育的使命之一,必须要保障每个学位阶段的学生,在毕业之后都能够拥有劳动力市场所需要的知识和能力。同时,还要加强非学术界雇主和高校之间的密切联系,加强双方之间的交流与合作,开设训练学生理论与实践能力相结合的项目,以培养和提高每个学位阶段学生的就业和创业能力。

在博洛尼亚进程的影响下,欧洲大学联盟(EUA)于2005年在奥地利的萨尔斯堡召开了"博士生教育与欧洲知识社会"的研讨会,提出了完善博士生教育的"十项基本原则",其中关于博士生教育目的的原则明确指出,博士生教育的核心要素是通过原创性的研究推进知识创新,同时也必须要满足就业市场对各类高层次人才的需求[①]。在萨尔斯堡原则实施五年之后的2010年,德国的柏林自由大学再次提出萨尔斯堡建议,博士生教育目的不仅是要通过原创性研究来培养博士生的研究思维,同时还必须要充分认识到博士学位获得者存在着广泛的职业选择,因此,要为博士生提供研究能力以外的其他技能的培训。

与此同时,英国、法国和德国的博士生教育目的也在发生着转变。杰克逊(C. Jackson)等在相关研究中指出,英国呼吁博士生教育必须要帮助博士生为多样化的工作做好准备,以满足社会各界的需求。同样地,库斯伯特(Denise Cuthbert)等也认为:"博士人才在经济发展、环境管理、健康改善和贯穿人类活动的所有领域中发挥着愈发重要的作用。正如经济合作与发展

---

① 刘亚敏,胡甲刚. 欧洲博士生教育改革十年:从政策到行动[J]. 学位与研究生教育,2010(6):66-71.

组织（OECD）的报告中所表明的那样，博士毕业生被认为是知识生产、传播、应用和支持创新方面的关键性人物。"① 我国学者王雪双（2016）以英国为例研究了其博士生培养的变革与模式创新并提出："随着博士生教育内外部环境的变化，近些年来，英国的博士生教育已开始转向，其更为关注的是博士毕业生的就业能力以及社会对他们所提出的能力诉求。"②

另一方面，英国博士毕业生的就业状况也发生了很大改变。早在1994年，英国学者吉本斯（Michael Gibbons）等在《知识生产的新模式：当代社会科学与研究的动力学》中就指出："为了解决真实世界的复杂问题，对多学科知识的需求在不断增大；事实上，知识已变成了由一系列的利益相关者共同生产的产物，包括大学、工业界、政府、独立研究机构和公众等。"③ 在知识生产模式发生转变的背景下，博士生教育也必须要做出相应的调整。帕克（Chris Park）发现并指出："单一目的的博士生教育越来越多地因其不能满足博士生与雇主的期望而受到质疑"。④ 另外，在一项针对2003年博士毕业生就业去向的调查中，科纳（H. Connor）等进一步描述了这一现象，大多数的艺术和人文科学类博士（70%）以及社会科学类博士（66%）在教育部门工作，而少于半数的生物和生物医学科学类博士（39%）以及自然科学与工程类博士（40%）在教育部门工作。

就业状况的转变，迫使研究者对英国博士生教育的整体定位做出了新的思考，昌光旭（Kuang-Hsu Chiang）认为，英国的博士生教育应向培养"受过训练的研究者"转变，不断强调博士生的技能训练，强调有质量的导师指导，注重博士生的考核与评价，加强博士生培养质量保障，故而需要重新思考博士生教育目的。⑤ 他还同时指出，英国的博士生教育目的已从"以学科知识为聚焦点"转向"以培养和训练为聚焦点"；而博士生教育本质也已从"产生新的知识、进入学术团体和开始学术人生"转向"职业化/专业

---

① CUTHBERT D, MOLLA T. PhD Crisis Discourse: A Critical Approach to the Farming of the Problem and Some Australian "Solutions" [J]. Higher Education, 2015, 69 (1): 33 – 53.

② 王雪双. 博士生培养的变革与模式创新：以英国和澳大利亚为例 [J]. 世界教育信息, 2016, 29 (23): 32 – 38.

③ 武学超. 模式Ⅱ知识生产观的提出与学术争论 [J]. 江苏高教, 2010 (3): 16 – 19.

④ PARK CHIRS. New Variant PhD: The Changing Nature of the Doctorate in the UK [J]. Jounal of Higher Education Policy and Management, 2005, 27 (2): 189 – 207.

⑤ CHIANG K H. Learning Experiences of Doctoral Students in UK Universities [J]. International Journal of Sociology and Social Policy, 2013, 23 (12): 4 – 32.

化、培养和训练过程并成为独立研究者"。① 2008 年，根据《欧洲高等教育区总体资格框架》，英国高等教育质量保障署针对《英格兰、威尔士和北爱尔兰高等教育资格框架》进行了重新修订并提出："英国的博士生教育目的应朝着多元化的方向发展，以多种灵活变通的方式培养博士生，并应致力于满足国家经济发展、雇主及个人不断变化的需求。"因此，进入 21 世纪后，英国在博士生教育方面实施大量改革，特别是在博士生培养模式创新方面，推出多种类型的专业博士（Professional Doctorates）、实践型博士（Practice-based Doctorates）、发表型博士（PhD by Publication）和新路径博士（New Route PhD）等。② 这些变革与创新的做法，反映了英国对博士生教育目的的重新定位与思考。

博士学位制度自在法国大学建立以来，基本上以国家学位的形式呈现。法国大学在教育部的授权下，一度垄断了高等教育国家学位的授予权。③ 1896 年，法国在《高等教育法》中提出要求，希望法国大学能积极开展科学研究；同时在医学、法学、理学、文学等方面的博士生培养中，增加科研内容和博士学位论文的规定。1954 年和 1958 年，法国先后设立了理科和文科的"大学第三阶段博士文凭"，其主要目的在于促进法国博士生在学会研究的同时能开展更深入的专业研究。1973 年，法国设置了"博士工程师文凭"和"国家博士文凭"。1984 年，法国在《高等教育法》中重新规定了博士生教育目的，使其由过去单一的研究型博士生培养转变为既培养研究型博士人才又培养复合型和从事应用研究的博士人才。④

2017 年，法国高等教育与研究部发布的《博士就业情况调查》表明，2010—2015 年间，法国博士毕业生（除医学专业外）在毕业五年内，获得短期工作合同的占比为 45%，而在公共高等教育与研究机构工作的占比仅为 55%，由此可见，在法国博士毕业生早期的职业生涯中，获得一份相对稳定的工作的难度较大，特别是在公共高等教育与研究机构求职的难度则更大，而该领域却是绝大多数法国博士毕业生的就业选择。博洛尼亚进程及博士毕业生就业趋势，影响了研究者对博士生教育目的的反思。我国学者耿会芬在

---

① CHIANG K H. Learning Experiences of Doctoral Students in UK Universities [J]. International Journal of Sociology and Social Policy, 2013, 23 (12): 4-32.

② 王雪双. 博士生培养的变革与模式创新：以英国和澳大利亚为例 [J]. 世界教育信息, 2016, 29 (23): 32-38.

③ 卞翠. 法国博士学位制度演变及其影响因素分析 [J]. 研究生教育研究, 2018 (5): 90-95.

④ 胡四能. 21 世纪博士教育的目的及其思考 [J]. 高等工程教育研究, 2008 (4): 89-93.

关于博洛尼亚进程下的法国博士生教育改革的研究中指出:"随着博洛尼亚进程的不断深化,法国博士生教育目的开始向着'实用化、职业化和国际化'的方向迈进。"① 同样地,克里斯滕森(K. K. Christensen)也特别关注了在博洛尼亚进程下法国博士生可雇佣性能力的培养,并认为,全球性博士人才竞争的劣势和青年失业率的持续增高,已为"精英定向"的法国博士生培养模式敲响了警钟,法国各阶层教育决策者开始逐渐意识到博士人才"可雇佣性"的关键意义。法国博士生教育不但要注重培养博士生在本专业领域范围内的科研能力,还要使他们具备相当的职业能力和资格,具备运用科研成果推进国家经济发展的综合能力。换句话说,法国的博士生教育不仅要导向高等教育和研究领域,还要进入经济界和公共与私人决策领域。

德国作为现代博士生教育的发源地,"师徒制"的博士生培养模式随着博士生规模的扩大以及知识生产模式的转变,开始受到越来越多的质疑。纽宁(A. Nuenning)在研究中指出,德国的博士生教育"存在着国际化程度不高、研究领域过偏过窄、大学与产业之间的关系不紧密、培养质量出现下滑、招生方式落后等一系列问题"②。除此之外,还存在其他问题,例如,在德国的大学里,攻读博士学位的人是退学最频繁的,虽然各个学科的博士生获得博士学位的平均年龄有相当大的差异,但获得博士学位的平均时间仍长达 4~6 年。事实上,德国博士生教育从传统"师徒制"模式向专业模式转变而引发各种问题的原因是多方面的。我国学者朱宁洁认为:"这不单是德国国家层面的需求,也是劳动力市场选择的结果。"③ 德国联邦统计局的统计数据显示,2011 年,仅有约 9.93 万名博士学位获得者赴企业、高校或技术机构从事科研工作,占所有 65 岁以下博士学位获得者从业人数的 19%。其中,46% 毕业于自然科学和数学专业;16% 毕业于工程技术专业;15% 毕业于语言、文化和艺术专业;12% 毕业于人类医学专业;10% 毕业于法律、经济和社会科学专业从事科研工作。2012 年,隶属于德国联邦教科部的高校信息中心(HIS)在一项调查报告中指出:"德国的博士生教育已不再拥有最

---

① 耿会芬. 博洛尼亚进程背景下的法国博士生教育改革 [J]. 外国教育研究,2009 (9):81-86.

② NUENNING A. Defizite and Desiderate der deutschen Docktorandenausbildung [M] //KIMMICH D, THUMFART A. Universitat ohne Zukunft. Suhrkamp Verlag:Frankfurt am Main, 2004:205.

③ 朱宁洁. 博士生教育研究中欧比较 [J]. 清华大学教育研究,2010,31 (1):120-124.

优的博士生培养模式了。"①

现实环境的不断改变进一步加速了德国大学博士生教育目的的转变。我国学者王文礼在关于德国博士生教育改革措施的研究中发现，德国博士生教育开始强调培养博士生通用技能的重要性，德国大学通过开设校企联合培养博士生项目，切实加强大学与各类产业之间的相互联系。② 事实表明，上述改革措施确实带来了诸多好处。刘娟（2012）在关于欧洲博士生培养改革新选择的研究中指出，德国大学的校企联合培养博士生项目，"不仅有利于赢得企业的科研资助，减轻博士生的经济压力，更重要的是，有利于训练博士生在沟通协调和资源管理等方面的可迁移技能，提高博士生的就业能力，并为德国大学吸引了大量的博士学位申请者"③。另外，加西亚（J. Garcia-Quevedo）也认为这样的联合项目"不仅促进了博士毕业生在企业界的就业机会，也进一步刺激了企业界对博士人才的需求"④。因此，在未来的德国大学里，获得博士学位将主要包括四种培养模式：一是多导师跨学科式；二是学科攻坚式；三是雇佣式；四是师徒传授式。⑤ 而这些突破传统"师徒制"并不断创新的博士生培养模式，恰恰说明了德国大学对博士生教育目的的重新思考。

通过文献梳理可以看到，随着博洛尼亚进程的不断纵深推进，英国、法国和德国都不同程度地根据本国大学内外部环境的变化和自身特色，开始重新思考与定位博士生教育目的，并通过博士生培养模式变革与创新的积极探索，努力适应博士生教育目的的转变。

三、我国博士生教育目的的历史演进

我国实行国家学位制度，这种制度影响了博士生培养的目标、模式和要求等各个方面。国家通过一系列的政策法规等，统一规定我国的博士生教育

---

① 俞可. 德攻博意愿高涨：申请德国博士应注意些什么［N］. 中国教育报，2013 – 03 – 22.

② 王文礼. 当前德国博士生教育改革的措施及其启示［J］. 现代教育科学，2015 (11)：162 – 166.

③ 刘娟. 校企合作：欧洲博士生培养改革的新选择［J］. 大学（学术版），2012 (1)：59 – 66，58.

④ GARCIA – QUEVEDO J, MAS – VERDU F, POLO – OTERO J. Which Firms Want PhDs? An Analysis of the Determinants of the Demand［J］. Higher Education，2012，63 (5)：607 – 620.

⑤ 王文礼. 当前德国博士生教育改革的措施及其启示［J］. 现代教育科学，2015 (11)：162 – 166.

目的,同时,利用学位授权和招生指标等若干手段,调节博士生教育的规模与发展速度,通过对博士生培养单位的审核、指导教师的遴选、博士生培养质量的监督与评估等对博士生教育进行监控。① 本书梳理了历年来我国国家层面出台的各项政策、规定或意见文件所形成的关于我国博士生教育目的的描述,具体详见表2-1。

表2-1 我国博士生教育目的的历史演进

发布时间	相关文件	关于博士生教育目的的具体描述
1980年	《中华人民共和国学位条例》	在本门学科上掌握坚实宽广的基础理论和系统深入的专门知识;具有独立从事科学研究工作的能力;在科学或专门技术上做出创造性的成果
1982年	《关于招收攻读博士学位研究生的暂行规定》	德智体全面发展,在本门学科上掌握坚实宽广的基础理论和系统深入的专门知识,具有独立从事科学研究工作的能力,在科学或专门技术上做出创造性成果的高级科学专门人才
1984年	《关于博士研究生培养工作的几点意见》和《关于做好博士研究生学位授予工作的通知》	具有社会主义觉悟、能较好地掌握马克思主义的基本理论,在业务上掌握坚实宽广的基础理论和系统深入的专门知识,掌握两门外国语,能独立从事科研工作并在科学或专门技术上做出创造性成果,身体健康的高级科技人才②
1993年	《关于学位与研究生教育改革和发展的若干意见》	博士生教育要努力提高培养质量,为国家培养跨世纪的学术带头人和业务骨干的后备队伍③

---

① 张英丽. 学术职业与博士生教育[M]. 武汉:华中科技大学出版社,2009:152.
② 木子. 学位和研究生工作座谈会在京召开[J]. 学位与研究生教育,1984(1):99.
③ 国家教委,国务院学位委员会. 关于学位与研究生教育改革和发展的若干意见[J]. 学位与研究生教育,1993(3):8-9.

续上表

发布时间	相关文件	关于博士生教育目的的具体描述
1995年	《国家教育委员会关于进一步改进和加强研究生工作的若干意见》	使博士生教育成为培养我国学术和技术骨干的重要源泉,逐步实现能够培养与发达国家在可比方面水平大体相当的博士的目标①
1998年	《中华人民共和国高等教育法》	博士研究生教育应使学生掌握本学科坚实宽广的基础理论、系统深入的专业知识、相应的技能和方法,具有独立从事本学科创造性科学研究工作和实际工作的能力
1998年	《面向21世纪教育振兴行动计划》	瞄准国家创新体系的目标,培养造就一批高水平的具有创新能力的人才。高等学校要跟踪国际学术发展前沿,成为知识创新和高层次创造性人才培养的基地。要重视培养高层次创造性人才的团结、协作和奉献精神②
2004年	《中华人民共和国学位条例》	博士学位授予者必须在本门学科上掌握坚实宽广的基础理论和系统深入的专门知识,具有独立从事科学研究工作的能力,在科学或专门技术上有创造性的成果

资料来源:根据相关文献整理而成。

通过文献梳理可以看到,1980年,我国启动博士生教育。在最初的《中华人民共和国学位条例》(以下简称《学位条例》)中,将博士生教育目的从知识、能力和成果三个视角切入,即在知识层面,要"掌握本门学科坚实宽广的基础理论和系统深入的专门知识";在能力层面,要"具备独立从事科学研究工作的能力";在成果层面,要"做出独创性的成果"。

1982年,教育部下发了《关于招收攻读博士学位研究生的暂行规定》(以下简称《暂行规定》),围绕博士生的培养目标、招生单位、报考条件、考试办法和录取标准等方面进行了明确规定。《暂行规定》可算是我国第一份关于博士生招生的权威政策文件,构筑了我国博士生招生、培养和学位授予的基本模式,开启了我国博士生教育的序幕。当年,全国招收攻读博士学

---

① 关于进一步改进和加强研究生工作的若干意见 [J]. 学位与研究生教育, 1996 (1): 1-4.

② 国务院批转教育部面向21世纪教育振兴行动计划的通知 [J]. 中华人民共和国国务院公报, 1999 (2): 36-50.

位研究生总计420名，其中哲学2名、教育学2名、文学16名、历史学11名、理学191名、工学137名、医学60名和农学1名。① 事实上，在博士生教育目的方面，1982年的《暂行规定》在1980年《学位条例》的基础上，又增加了对博士生"坚持德智体全面发展"的综合性目标要求。

自1982年以后，我国博士生教育从无到有，从小到大，从弱到强，逐步走上一条自主发展的道路。在最初五年的时间里，我国博士生招生规模增长速度较快，如在1984—1985年间，博士生招生人数从492名急剧增长至2 633名，翻了两倍有余。但即使如此，从整体上来说，我国博士生招生仍处于较小规模的起步阶段。在1984年的两份文件中，可以看到，1982年的《暂行规定》中对博士生"坚持德智体全面发展"的综合性目标要求，被进一步深化为"具有社会主义觉悟、能较好地掌握马克思主义的基本理论"和"身体健康"的目标要求，并增加了"掌握两门外国语"的新要求。这样的目标要求与当时中国渴望与世界接轨的整体大环境相关。

1993年，国家教育委员会、国务院学位委员会共同发布《关于学位与研究生教育改革和发展的若干意见》并指出："九十年代研究生教育，在保证必要办学条件与治理效益的前提下，需要有一个较大的发展。2000年在读研究生规模力争比1992年翻一番，其中博士生数量要有更大的发展。"② 同时，该意见首次将我国博士生教育目的用"学术带头人和业务骨干"进行概括，强调了博士人才在学术界所扮演的重要角色。自此，我国博士生教育进入了快速发展的轨道。

1994年博士生招生人数与1993年的相比，增长率达近50%。1995年，在《国家教育委员会关于进一步改进和加强研究生工作的若干意见》中，继续强调博士人才的"学术和技术骨干"的作用，并开始将博士生教育目的"与发达国家在可比方面水平"上进行对标，实现全球性的跨国比较。

到了1998年，全国博士生招生规模与1994年的相比又翻了一番。1998年颁布的《中华人民共和国高等教育法》遵循1980年《学位条例》中的基本精神，回归到知识、能力和成果的三个视角，但在博士生教育目的中增加了对博士生"实际工作能力"的目标要求。另外，在同年的《面向21世纪教育振兴行动计划》中，还特别强调了博士生的"知识创新能力"以及"团结、协作和奉献精神"。

---

① 《中国教育年鉴》编辑部. 中国教育年鉴（1983年）[M]. 北京：人民教育出版社，1984：723.
② 国家教委，国务院学位委员会. 关于学位与研究生教育改革和发展的若干意见[J]. 学位与研究生教育，1993（3）：8-9.

1999年以后，我国的博士生招生规模持续增长，并开始迈入世界博士生教育大国的行列，年授予博士学位人数，自1万人左右飙升至4万余人。从国际比较的视角来看，我国学术型博士学位授予数于1996年超过了韩国，2000年超过了印度，2002年超过了英国和日本，2005年超过了德国。① 2008年，我国学术型博士学位授予数为43 759人，同年，美国学术型博士学位授予数为63 712人。② 我国跃然成为仅次于美国的世界博士生教育大国。

2008年以后，我国博士生招生规模的增长速度趋于平缓，保持在年均5万人左右的水平上。博士生教育发展的重点开始转向博士生的培养质量与内涵建设上。政府、大学、博士生教育的利益相关者以及众多的专家学者都越来越关注我国博士生教育的发展，并为其所遇到的困境和挑战献计献策。

总的来说，我国的博士生教育目的在不同的历史时期呈现出不同的具体要求，但纵观《中华人民共和国学位条例》（1980年制定、2004年修订）和《中华人民共和国高等教育法》（1998年颁布、2015年修订）等对我国博士生教育发展具有重大影响意义的纲领性政策文件后发现，我国博士生教育的核心定位仍从知识、能力和成果等三个视角予以阐述和概括，即要求博士生能够掌握坚实宽广的基础理论和系统深入的专门知识，具备独立从事科学研究工作的能力，并在科学或专门技术上做出创造性的成果。

第三节　博士生培养目标

针对博士生培养目标开展的本体研究，最早可追溯至20世纪20年代，美国高等教育学家贝瑞森（Bernard Berelson）在《美国研究生教育》中指出，目的问题归根结底就是培养大学教师与培养研究者哪一个优先的问题，就是研究生教育的职业性与学术性问题，就是博士学位含义的统一性与多元性问题。③ 不过，更多的相关研究并非仅仅聚焦于博士生培养目标本身，而是在探讨博士生培养过程中的其他相关问题时，如博士生培养质量、博士毕业生职业发展等，涉及对博士生培养目标设置的反思。在这类研究成果中，

---

① 陈洪捷，赵世奎，沈文钦，等. 中国博士培养质量：成就、问题与对策 [J]. 学位与研究生教育，2011（6）：40-45.

② US Department of Education, National Center for Education Statistics. Digest of Education Statistics (2009) [R]. NCES, 2010：398.

③ BERELSON B. Graduate Education in the United States [M]. New York：Mc Graw-Hill Book Company, 1961：44.

既有若干大型全国性调查（国内5次、国外8次），又有大量的理论专著、学位论文和学术期刊论文等，通过文献脉络的梳理，可以初步掌握关于博士生培养目标的前期研究。

一、以研究为本的博士生培养目标

一般来说，围绕博士生培养的研究大多从其最初的本意出发，即博士生培养是学历教育的最高层次，故而研究者往往认为学术型博士生培养目标仍以"知识为重，以研究为本"，强调博士生培养过程中的知识创新与学术训练。可以看到，博士生教育与知识之间发生着各种各样的联系，霍奇（John Hockey）认为："博士学位是以知识为基础的，博士生教育意味着扩展知识。"[1] 格里菲斯（Phillip A. Griffiths）等又继续丰富了上述联系的内涵，并指出哲学博士学位是"为培养博士生成为学者而设计的，即为发现知识、集成和应用知识，也为交流和传播知识而设计的"[2]。事实上，在博士生教育的概念范畴里，"知识"通常特指"高深知识"，它是博士生教育的根本目标和特色产品。

除"知识"外，"研究"也是博士生教育更为关注的重点。皮尔森（Margot Pearson）认为，博士生教育需要构建以研究为基础、适应社会需求的博士生培养目标。[3] 我国学者刘化章等也提出了类似的观点，并认为，博士生培养的目标定位是学术性和研究型，即培养本学科专业中高层次和高素质的学术性、研究型创新人才。[4] 赵世奎等在关于我国博士生教育目标现实选择的研究中也指出了学术型博士生培养目标的根本方向，即"坚持学术本位的研究型博士生培养"[5]。也就是说，博士生教育要求博士生通过原创性的研究或其他前沿性的学术工作，创造新知识，拓展所在学科领域的专业知

---

[1] JOHN H. Change and the Social Science PhD: Supervisors' Responses [J]. Oxford Review of Education, 1995, 21 (2): 195-206.

[2] 美国科学、工程与公共政策委员会. 重塑科学家与工程师的研究生教育 [M]. 徐远超, 等译. 北京: 科学技术文献出版社, 1999: 1-253.

[3] PEARSON M. The Changing Environment for Doctoral Education in Australia: Implications for Quality Management, Improvement and Innovation [J]. Higher Education Research & Development, 1999, 18 (3): 269-287.

[4] 刘化章, 倪哲明. 以创新教育为目标, 全面提高博士生培养的质量 [J]. 高教与经济, 2005 (1): 29-33.

[5] 赵世奎, 沈文钦. 博士就业的多元化与我国博士教育目标定位的现实选择 [J]. 教育与职业, 2010 (27): 14-16.

识,并能获得同行专家的肯定。① 正如菲利普斯(Estelle M. Philips)等所明确认为的,"博士生培养目标就是培养全方位的研究者。"②并从某种程度上说,研究者始终认为,学术型博士生培养目标关注知识的掌握与传播,但更关注知识的应用与创新,也就是研究。我国学者包水梅用"学术创新人才"定位学术型博士生培养目标,这样的定位顺应了我国"培养学术型人才与应用型人才并举,但以培养学术型人才为主"的博士生教育目的,即"博士生应具备'学者'的基本素养,其中包括广博而坚实的知识基础、卓越的学术能力和以学术为志业的品质"③。

二、就业现实对博士生培养目标的冲击

随着博士生教育规模的扩大,博士生教育与就业错位的冲突不仅带来了全球性的不适应症,而且推动着研究者开展更深入、更全面的调查研究。其中最著名的就是美国华盛顿大学完成的三项全国性的关于博士毕业生职业发展的调查,具体包括1996年的"博士毕业十年后调查",2003年的"艺术史专业博士毕业十年后调查"和2007年的"社会科学专业博士毕业五年及以上调查"。调查显示,以往仅以培养知识的创造者和学科的传承者为目标,以考察博士生知识的掌握和科研创新能力为核心的博士生教育是狭隘的。除了关注博士毕业生的专业能力以外,那些非学术界用人单位更以知识应用、问题解决、团队领导合作、可迁移性、灵活性等适应社会、服务社会的能力,作为博士生培养质量的评价标准。因此,博士生培养单位应变革以往单一的考察博士生是否具备独立从事科研能力的质量评价标准,赋予其更多新的内容。④ 事实上,即使博士生教育为博士生开展高质量研究做好了准备,但那种仅服务于研究目的的博士生教育是否足够,仍受到广泛的质疑。⑤同一时期,美国学者内奎斯特(Jody D. Nyquistt)和伍德福德(Bettina J. Woodford)在皮尤慈善信托基金的资助下开展的另一项全国性调查,通过访谈365位来自不同群体的调查对象得出相似的结论,即博士生教育并没有为博士生承担其他责任和职业做好准备。⑥调查发现,在博士生教育目的上,研究机构与工商界产生了分歧。博士生导师和研究机构均认为哲学博士是一

---

①②⑤⑥ 菲利普斯,皮尤. 如何获得博士学位[M]. 王玉,欧阳玉湘,徐贝,译,上海:上海交通大学出版社,2012:1-278.

③ 包水梅. 学术型博士生培养目标定位及其素质结构研究[J]. 教育科学,2015(2):71-78.

④ 顾剑秀,罗英姿. 美国博士职业发展:基于三次毕业博士职业发展调查的分析[J]. 外国教育研究,2015(4):106-116.

个学术型学位,应为博士生做好学术上的准备;而工商界则认为哲学博士具备广泛的专业知识,应为博士生做好多种职业选择的准备。并且,这种分歧是一个普遍的倾向,即使在同一机构也可能出现相反的观点。

事实表明,在反思博士生教育与就业错位问题的道路上,很多研究者的观点指向是趋于一致的:博士生培养目标与社会需求之间产生了较为明显的错位,甚至脱节的现象。可以看到,成功地开展独立研究的能力,也许是获得博士学位的唯一标准,不过,这种能力要求却似乎并不是雇主所期待的。早在20世纪,拉皮达斯(Jules B. LaPidus)就曾指出,在为工作或职业做准备的方面,博士生教育还做得很不够。进入21世纪以后,博士生教育与就业错位的问题却愈发地凸显,迈特考菲(Janet Metcalfe)和帕克(Chris Park)从不同的视角阐述了英国博士生培养目标所表现出的不适切性,并同时发现:"教育界希望他们雇佣的博士人才有较好的学术研究能力,而企业雇主则更看重博士人才的技术研发与应用能力。"① 另外,费曼(Christine Fuhrmann)等和文德勒(Cathy Wendler)等将博士学位获得者的职业道路比喻成线性管道,并把那些选择非学术职业的人看作是管道的泄露。② 他们提出建议:"随着知识经济的发展和知识生产模式的转型,博士毕业生的就业道路已演变成具有众多分支的管道,因此,我们需要对博士生培养质量提出新的标准。"③ 在我国,潘金林、庄丽君和王东芳等也都曾分别指出,博士毕业生就业的现实与博士生教育培养未来大学教授这一传统目标之间出现较大的偏离,④ 培养学科守门人已不再是博士生教育的唯一目标,⑤ 加强博士生的多元化学术能力培养是我国博士生教育中亟待解决的问题。⑥

---

① PARK C. Redefining the Doctorate [M]. York: The Higher Education Academy, 2007: 31.

② FUHRMANN C N, et al. Improving Graduate Education to Support a Branching Career Pipeline: Recommendations Based on a Survey of Doctoral Students in the Basic Biomedical Sciences [J]. Life Science Education, 2011 (10): 239 – 249.

③ WENDIER C, et al. Pathways through Graduate School and into Careers [R]. Princeton, NJ: Educational Testing Service, 2012: 1 – 3.

④ 庄丽君,刘少雪. 培养规模和就业变化对博士生教育的影响研究 [J]. 研究生教育研究, 2012 (8): 7 – 10.

⑤ 王东芳. 博士生教育质量评价:新情境下的挑战与启示 [J]. 学位与研究生教育, 2012 (2): 14 – 19.

⑥ 潘金林,龚放. 多元学术能力:美国博士生教育目标新内涵 [J]. 学位与研究生教育, 2010 (7): 73 – 77.

三、博士生培养目标的重新定位与调整

现实的触动在深入研究的催化下，引发学术型博士生培养目标重新定位与调整的迫切性，博士生培养目标的内涵需要不断丰富、外延需要不断拓展。事实上，博士生教育与就业错位问题的显现，引发了博士生教育中的一系列冲突，如退学率高、学业延期率高、缺乏跨学科的方法或途径，以及博士毕业生不适应学术界外的劳动力市场等。因此，凯姆（Barbara M. Kehm）针对这些冲突曾提出"应切实调整博士生培养目标"。而且这种调整应贯穿博士生培养的整个过程，正如内奎斯特（Jody D. Nyquist）所指出的："通过适度改革博士生培养模式中的各个环节，调整博士生培养目标，可使现实中的错位问题得到一定程度的缓解。"①

中国国内的五次大型全国性调查均以提高博士生培养质量为宗旨，也都涉及博士生培养目标问题。1990年，国家教委高教司首次对全国博士生培养工作开展调查，要求全国前三批的238个博士生培养单位进行自查和总结，并对另外14个博士生培养单位的40多个博士学科点进行抽样调查，最终形成的《博士生培养工作调查总结报告》对博士学位获得者的能力素质进行描述："博士毕业生必须既有理论深度和较高的学术素质，又能创造性地解决国民经济建设中重大的技术关键问题，成为具有博士水平的经济建设第一线的科技骨干。"② 也就是说，博士生教育应以培养教学、科研方面的高层次创新性人才为主。1996年的全国性调查更进一步明确了博士生培养目标，即"博士生不仅要掌握坚实宽广的基础理论和系统深入的专门知识，能独立而创造性地从事科研工作，而且要具有主持较大型科研、技术开发项目，或解决和探索我国经济社会发展问题的能力"。

进入21世纪以后，随着社会的发展与转型、博士生教育类型和博士生就业趋向的多元化，更多的利益主体（高校、企业、政府、社会团体、博士生）开始关注博士生教育，继而评判博士生质量的角度和标准也开始多元化。③ 2003年的《中国学位与研究生教育发展报告》以"学术带头人"和"业务骨干"定位博士生培养目标。2006年基于全国调查形成的《我国研究

---

① NYQUIST J D. The PhD: A Tapestry of Change for the 21st Century [J]. Change: The Magazine of Higher Learning, 2002, 34 (6): 12-20.

② 博士生培养工作调查汇总小组. 博士生培养工作调查总结 [J]. 学位与研究生教育, 1992 (4): 4-9.

③ 中国博士质量分析课题组. 中国博士质量报告 [M]. 武汉: 华中科技大学出版社, 2012: 46.

生教育质量状况综合调研报告》更明确地提出："根据我国研究生教育的新发展，博士生培养目标就是培养学者、精英。无论培养出来的博士毕业生今后是在学术界、政界还是在工业界、非政府机关等就业，他们都需要创造性地发展知识，批判性地传承知识，并在各种场合传达学术理念、价值，或把知识转化成生产力。"① 2010 年的《中国博士质量报告》也特别指出："博士生教育长期以来具有明确的目标，主要是培养学者，其质量标准也简单而清晰，但随着时代的发展进步，多元化的评价标准也是必须要考虑的。"②

在跨越 20 多年的全国性博士生培养质量调查中，可以看到博士生培养目标被不断重新定位与调整的轨迹。除"基础理论""专门知识"和"科研工作"外，又相继出现"解决技术关键问题""主持项目"和"解决和探索经济社会发展的问题"等关键词，并开始考虑博士毕业生在学术界、政界、工业界或非政府机关就业的多元化能力。也就是说，学术型博士生培养目标虽以培养学者为主，但更重视多元化诉求。值得一提的是，2004 年，经济合作与发展组织（OECD）与联合国教育、科学及文化组织联合启动博士学位获得者职业发展调查，调查的结论之一就是，非传统学术部门就业并不代表非学术岗位就业。因此，博士就业的多元化，并不必然意味着博士生教育背离培养学术研究者的宗旨。

四、博士生培养目标要素的探索

在得出"学术型博士生培养目标应朝着多元化的方向发展"的研究结论后，研究者继续探究的步伐并未停止，在博士生培养目标多元化的清单上，到底有哪些重要的构成要素呢？2001 年，美国卡内基基金会启动"卡内基博士生教育创新计划"，旨在通过不断修正，使数学、化学、神经系统科学、教育学、英语学和历史学等六大学科领域内的博士生教育目的和实践操作，各自达到相互匹配的状态。该项调查涉及 84 所院系，其最终报告进一步指出，博士生教育目的就是培养"学科管家"，即培养能委以重任的人，这些人能秉承所在领域的精神、品质，并广泛把握所在领域的方方面面。他们首先是学者，并在最全面的意义上，将创造性地生产新知识，批判性地保存有价值和有用的观点，负责任地通过写作、教学和运用的方式转换所理解到的

---

① 王孙禺，袁本涛，赵伟. 我国研究生教育质量状况综合调研报告 [J]. 中国高等教育，2007（9）：32-35.
② 中国博士质量分析课题组. 中国博士质量报告 [M]. 武汉：华中科技大学出版社，2012：46.

知识。① 因此，博士生教育目的可被看成是由一系列的角色和技能，以及一系列的原则组合而成的。②

对于博士生培养"目标要素清单"上具体内容的构成，不同的研究者提出了不同的关注点。2009年，英国发起的一项全国性博士生调查关注了博士生的语言能力，并指出："与其他国家掌握多种语言的博士生数量日益增长的情况相比，英国博士生具备这种多语言技能的人数反而越来越少，而这很可能使英国博士毕业生在全球就业市场上的竞争优势大大减弱。"③ 另外，英国人文与社会科学院、经济与社会研究理事会以及其他利益相关者，对英国的博士缺乏计算技能和定量分析的能力表示关注，因为，对许多雇主而言，这些技能是招募新员工的核心要求，但很多博士学位获得者却达不到他们的期望。④

除了多方面的技能之外，研究者还期待博士生其他方面的素养，乌什（Robin Usher）认为，博士生应"具有适应性和开放的学习态度，并能充分把握全球化过程和信息革命中的工作环境"⑤。我国学者刘青等在关于英国博士人才培养新模式的研究中指出："英国将博士作为国家尖端人才加以开发和利用，英国的雇主都在寻找能胜任高级技能职位的雇员，他们希望博士人才不仅具有相关工作的知识，并能拥有展示自我管理、交流、团队工作、人际沟通和网络技能等多方面的能力，即雇主所期待的可迁移技能和可雇佣性，因此，这种衡量博士人才是否具有社会存在价值的基本标准，已成为英国高校培养博士人才的根本目标。"⑥ 事实表明，这里所提到的可迁移技能的培养，正是在萨尔茨堡十条基本原则中被列为博士生院和博士生培养的优先事项。当然，博士生创新能力的培养也是研究者关注的重点，我国学者赵锋（2011）认为："创新能力是衡量博士生教育质量的核心指标。"⑦ 由此可见，为增加目标与质量之间的适切性，除传统的知识与能力外，博士生培养目标还应拓展内容，涵盖更多的其他技能与素养。

---

①② 戈尔德, 沃克. 重塑博士生教育的未来 [M]. 刘俭, 译. 上海：上海交通大学出版社, 2015：212.

③④ 褚艾晶. 以雇主需求为导向的英国博士生教育改革研究 [J]. 学位与研究生教育, 2013 (5)：69 – 73.

⑤ USHER, ROBIN. A Diversity of Doctorates: Fitness for the Knowledge Economy? [J]. Higher Education Research and Development, 2002, 21 (2)：143 – 153.

⑥ 刘青, 闫思. 基于雇主需求的英国博士人才培养新模式：兼论博士人才的可雇佣性开发 [J]. 比较教育研究, 2008 (1)：20 – 24.

⑦ 赵锋. 以创新能力培养为核心提高博士生教育质量 [J]. 中国高等教育, 2011 (Z1)：77 – 78.

通过上述文献梳理，现将前期研究中出现的关于学术型博士生培养目标内容的要素构成，提取出以下关键词，具体详见表2-2。

表2-2 学术型博士生培养目标在前期研究中的关键词

序号	关键词	序号	关键词
1	基础/专门知识	8	多语言技能
2	好奇心及其关联能力	9	独立性思考
3	独立从事研究工作	10	可迁移能力
4	定量分析能力	11	团队合作
5	沟通交流能力	12	创新能力
6	信息网络能力	13	批判思维
7	社会适应能力	14	计算技能

资料来源：根据相关文献整理而成。

第四节 工科领域学术型博士生培养目标

从宏观上说，学术型博士生培养"目标要素清单"上的具体内容，因社会发展与缓和现实问题的需要，其内涵与外延都在不断地丰富与拓展，不过，当聚焦于不同的专业领域时，博士生培养"目标要素清单"上的具体内容却表现出显著的学科差异性。2001年，戈尔德（Chris M. Golde）和朵拉（Timothy M. Dora）在皮尤慈善信托基金的资助下，调查了美国27所研究型大学11个学科的4 000多名博士生，并发现人们对博士生教育的认识和要求是不同的，因此，博士生教育的性质往往因学科的不同而差异明显。并进一步指出："不同学科领域不仅在知识层面上呈现各异，而且在知识创新与分享方式上也不尽相同。也就是说，不同学科领域的博士生教育是存在差别的。"[1] 相应地，我国学者王东芳也认为："博士生培养目标也同样具有显著的学科差异性"[2]。可以看到，不同学科有着不同的科研规律与人才培养规律[3]，正如薛子帅的观

---

[1] 戈尔德, 沃克. 重塑博士生教育的未来 [M]. 刘俊, 译. 上海：上海交通大学出版社，2015：12.

[2] 王东芳. 培养学科看护者：博士教育目标的学科差异 [J]. 复旦教育论坛，2015（2）：18-24.

[3] 古继宝, 蔺玉. 基于不同学科的博士生科研绩效管理 [J]. 科研管理，2011（11）：115-122.

点——学科特点决定不同学科博士生培养过程的具体安排和特点。① 事实上，博士生教育所具有的学科差异性，通常要求我们区别对待不同学科博士生培养过程中的各个环节，这是在博士生教育实践中必须要关注的问题，古继宝等（2011）就此提出明确的建议："在博士生培养过程中，我们需要充分考虑学科之间的差异性。"② 也就是说，在关注博士生培养目标的设置时，分学科的研究可能具有更强的针对性和适应性。

一、工科领域博士生培养目标的普遍性与独特性

正是由于博士生教育所具有的学科差异性，在聚焦于具体的工科领域时，可以发现，工科领域学术型博士生培养目标不仅具备学术型博士生培养目标的普遍特征，而且同时也表现出了某种自身的独特性。美国高等教育学家格里菲斯（Phillip Griffiths）认为，美国工科领域博士生培养目标主要有两个，一个反映的是学术型博士生培养目标的普遍特征，即"培养未来的研究人员和大学教师"③；另一个反映的是工科领域学术型博士生培养目标自身的独特性，即"直接为国家更广泛的科技、经济和文化发展做出贡献的高级专业人才"④。我国学者闵卓也提出，工科领域的学术型博士生培养应"以前沿性的基础研究为培养的战略目标"⑤，这样的定位符合学术型博士生培养目标的普遍特征；另外，在自身独特性方面，又进一步地指出工科领域学术型博士生培养目标的具体表现：一是根据原理超越现有事物的窠臼，实现创新；二是产生更好的科学想法；三是为不断产生的技术难题提供新的知识和解决思路；四是为五至十年后的技术进步寻找新的方向；五是为多年攻克不了的技术难题提出彻底的系统性解决方案。⑥ 事实上，不同国家对工科领域学术型博士生培养目标自身独特性的关注点也不尽相同，德国的工科大学在全球化背景下，根据新时代的要求对工科领域博士生教育进行变革⑦。顾建民曾指出："德国工程科学型的博士工程师，打破了传统德国博士生教育纯

---

① 薛子帅. 跨学科博士生培养的学科差异分析 [J]. 江苏高教, 2015 (3): 95-97.

② 古继宝, 蔺玉. 基于不同学科的博士生科研绩效管理 [J]. 科研管理, 2011 (11): 115-122.

③④ GRIFFITHS P A. Reshaping the Graduate Education of Scientists and Engineers [J]. Academic Medicine Journal of Association of American Medical Colleges, 1995, 70 (9): 826-827.

⑤⑥ 闵卓. 从贝尔实验室的发展谈我国工科领域博士生的培养 [J]. 电气电子教学学报, 2000 (4): 104-107.

⑦ 全守杰. 德国工科大学的博士生教育探析 [J]. 研究生教育研究, 2011 (6): 91-95.

学术、纯理论的培养模式，强调对工科领域学术型博士生实践应用能力的培养。"① 全守杰在相关研究中发现，德国工科领域学术型博士生培养目标"形成了强调既'专'又'博'、纯科学与应用科学并重、加强跨学科研究以应对全球化挑战等方面的显著特征"②。陈姝雨也认为，英国研究型大学工科领域学术型博士生培养目标是为大学和科研机构培养优秀的教师和高级科研人员，强调科学技术的研究和发展；而在法国，工科领域学术型博士生培养目标是培养着眼于未来、具有较强创造力、独立分析和解决问题能力的理论与实践相结合的高端人才。③

进入21世纪后，博士生教育与学术职业间的传统联系在逐渐"解耦"，博士毕业生的就业取向存在显著的学科差异性，正如2004年经济合作与发展组织（OECD）与联合国教育、科学及文化组织联合启动的博士学位获得者职业发展调查报告所发现的："越来越多的博士毕业生进入工商业界和私营部门，且以工科领域最明显。不过，工科领域学术型博士生的职业选择并未体现出对行业领域技术的引领作用。"④ 工科领域博士生教育与就业错位的突出问题，使研究者开始关注工科领域学术型博士生的多元化能力。我国学者邓彬等认为："工科领域博士生教育应注重培养博士生的创新技巧和创新能力，而工科领域的创新独具自身特色。"⑤ 张波也格外关注工科领域学术型博士生的创新能力，并进一步指出："工科领域的博士生首先要有理论上的创见、研究，还要具有重视和解决工程实际问题的素质。"⑥ 衡小红等更强调工科领域学术型博士生的综合能力，即"工科领域的博士生培养应强调基础知识和生产实践的结合，强调工程实践关键素质与能力的培养，强调创新思维和创新教育"⑦。

---

① 顾建民. 培养有竞争力的工程师：德国工程教育改革透视 [J]. 吉林教育科学（高教研究），2001（2）：35-36.
② 全守杰. 德国工科大学的博士生教育探析 [J]. 研究生教育研究，2011（6）：91-95.
③ 陈姝雨. 工程教育中学术型研究生培养模式比较研究 [D]. 重庆：重庆大学，2006：76.
④⑦ 衡小红，穆飞，刁鸥，等. 工科博士职业选择的局限性应对方案探索：以某高校机械工程专业博士就业去向为例 [J]. 大学教育，2015（9）：38-39.
⑤ 邓彬，黎湘，王宏强，等. 工科博士生科研创新的技巧与创新能力培养 [J]. 高等教育研究学报，2011，34（1）：21-23，26.
⑥ 张波. 导师对工科类博士生"软""硬"创新特质培养思考：以北京理工大学为例 [J]. 中国校外教育，2013（36）：28.

另一方面，工科领域学术型博士生教育作为高等工程教育的最高层次，①特别强调博士生工程实践能力的培养，姚纬明等认为："工科领域学术型博士生教育改革，必须要走产学研相结合的道路，工程实践能力的缺乏已成为工科领域高层次人才培养质量中的核心问题。"②王延吉在工科领域学术型博士生教育应"回归工程"还是"回归教育"的选择中，通过区分博士生、硕士生和本科生培养目标的定位而得出结论："我国工科领域学术型博士生培养必须在'回归工程'与'回归教育'之间达到某种平衡。"③事实上，工科领域学术型博士生教育应与科学技术和工程建设紧密结合。④正如江珊和向智男等所指出的，我国工科领域学术型博士生培养应将艰深的工程理念、实践，与深奥的教育学知识相结合，并促使三者在博士生身上得到协调发展，⑤从而培养出既能满足当前社会需求，又能面向未来、面向世界的高质量、高层次科技与工程领域的创新人才。⑥

二、目标要素的探索

工科领域学术型博士生培养目标也同样需要不断地丰富内容，拓展外延，在其目标内容的清单上，除基本的知识和跨学科知识外，工科领域学术型博士生还应掌握其他技能。例如，好奇心，斯蒂普森（Catharine R. Stimpson）认为："工科领域博士生教育必须要培养博士生的好奇心，以及好奇心所带来的那种将专业与其他领域关联起来的能力。"⑦又如那些与职业发展密切相关的能力与素质，戈尔德认为，这样的一些能力与素质"将使工科领域学术型博士生得到雇主最大的褒奖，如果他们能在沟通交流（书面与口头）、信息管理、团队合作、产品监管、责任理念等方面具备充分理解、独立思考、勇于创新、灵活变通和自信成熟的素养"⑧。泰勒（Crispin

---

①④⑥ 向智男，王应密. 工科直博生培养体系的创新与思考：基于M大学工科直博生培养的调查分析[J]. 研究生教育研究，2014（1）：29-34.

② 姚纬明，束龙仓，李枫，等. 产学研理论的创新与实践：工科研究生教育篇[M]. 南京：河海大学出版社，2012：36.

③ 王延吉. "回归工程"还是"回归教育"：美国工程教育改革断想[J]. 北京航空航天大学学报（社会科学版），2013，26（1）：116-120.

⑤ 江珊. 英国顶尖大学工科博士研究生教学助理制度及其现实借鉴[J]. 高等工程教育研究，2015（4）：88-92.

⑦ 戈尔德，沃克. 重塑博士生教育的未来[M]. 刘俭，译. 上海：上海交通大学出版社，2015：105.

⑧ 戈尔德，沃克. 重塑博士生教育的未来[M]. 刘俭，译. 上海：上海交通大学出版社，2015：83.

Taylor）也曾提出相似的观点，即"培养和辅导工科领域学术型博士生具备批判性和独立性思考，高效开展书面和口头交流，策划与实施研究项目，参与时间管理和早期学术交流等方面的能力，对于引领他们走向成功之路来说，这些举措不仅是权宜之策，更是长久之计"①。事实上，工科领域学术型博士生培养不仅应关注领导力训练、时间管理、人际交流，以及与难对付的同行打交道的技巧等，②凯瑞姆（Alvin L. Kwiram）还更明确地指出："应包括基础会计与预算原则，以及监管问题概述等方面的能力"③。刘婧在针对我国工科领域学术型博士生培养目标的研究中提出四方面的具体内容，一是要体现对工学跨学科博士生网络型知识结构的建立；二是要突出工学跨学科博士生培养的应用性目标；三是要强调工学跨学科博士生全面素质能力的培养；四是要将学科领袖作为工学跨学科博士生培养的战略目标。④

通过上述文献梳理，现将前期研究中出现的关于工科领域学术型博士生培养目标内容的要素构成，提取出以下关键词，具体详见表2-3。

表2-3　工科领域学术型博士生培养目标在前期研究中的关键词

序号	关键词	序号	关键词
1	基础/专门知识	9	把握全球化
2	策划与实施项目能力	10	工程理念
3	理论与实践相结合	11	责任理念
4	开放的学习态度	12	自我管理
5	产品监管的能力	13	创新能力
6	社会适应能力	14	时间管理
7	沟通交流能力	15	团队合作
8	可迁移能力	16	领导力

资料来源：根据相关文献整理而成。

---

① 戈尔德，沃克. 重塑博士生教育的未来［M］. 刘俭，译. 上海：上海交通大学出版社，2015：49.

②③ 戈尔德，沃克. 重塑博士生教育的未来［M］. 刘俭，译. 上海：上海交通大学出版社，2015：122.

④ 刘婧. 工学跨学科博士生培养模式研究［D］. 哈尔滨：哈尔滨工业大学，2014：55.

第五节 文献评述

一、观点的争论

经济社会的发展需求是教育改革的动力之一。① 事实上，随着知识经济时代的全面到来、全球性博士生教育规模的不断扩张、学术劳动力市场的日益变化以及欧盟经济社会一体化的驱动，都促使各界人士开始重新定位与反思博士生教育目的及其培养目标。不过，博士生教育目的及其培养目标的转变，并不是简单地在理论上从学术性倒向实用性，其中所关涉到的不仅仅是博士生个体的成就目标或整个学术体系的培养目标，同时，也覆盖到国家层面的宏观战略目标，因而是关系到博士生培养过程中的价值理性与工具理性应如何协调与平衡的关键性问题。② 另外，在全球化进程中，特别是随着博洛尼亚进程的不断深化，博士生教育应如何平衡"一体化"和"民族化"的关系，如何消除本国学术界知识分子的抵触情绪③，也是博士生教育利益相关者必须要面对的关键性难题。事实上，关于博士生教育目的及其培养目标的上述争论从来没有停止过。

一方面，部分学者对"以社会需求为导向"的博士生教育目的及其培养目标是否会危及博士生教育自身的教育功能存在疑虑。④ 凯姆（Barbara M. Kehm）曾指出："现在许多国家面临着一个相同的问题，即博士学位获得者被视为极具价值的人力资本。"⑤ 因此，博士生教育目的及其培养目标不能仅由学术界本身来定位，而应成为高校、国家，甚至超越国家层面的政策目标。就目前而言，博士生主要是在学术界倡导的研究范式和方法论之下接受训练，但博士生教育的结构、质量、产出以及绩效水准等，都受到学术界以

---

① 刘亚敏，胡甲刚. 欧洲博士生教育改革十年：从政策到行动［J］. 学位与研究生教育，2010（6）：66-71.

② 徐贞，牛梦虎. 就业多元化趋势下博士生教育改革研究［J］. 教育发展研究，2017，37（9）：64-71.

③ 耿会芬. 博洛尼亚进程背景下的法国博士生教育改革［J］. 外国教育研究，2009（9）：81-86.

④ CRUZ-CASTRO L, SANZ-MENENDEZ L. The Employment of PhDs in Firms：Trajectories, Mobility and Innovation［J］. Research Evaluation, 2005（1）：57-69.

⑤ 戈尔德，沃克. 重塑博士生教育的未来［M］. 刘俭，译. 上海：上海交通大学出版社，2015：92.

外其他部门的监督,而它们具有与学术界不同的动机、意图和目标。如果那种强调实用性的功利主义观念,强大到能决定关于博士生培养质量或卓越的学术概念以及好奇心驱使下的研究等理念,那我们最终得到的也许会比过去更糟糕。① 相反,另一部分学者则较为关注博士生教育除了培养旨在为学术界贡献智慧的人才以外,更应致力于培养能承担社会责任、促进社会公平、打破学科和国家界限的全球化公民。② 哈曼(Grant Harman)认为,博士生教育除了实现博士生个体的价值以外,还应保证国家投入能实现预期成果。③

另一方面,在全球化影响不断扩大的今天,媒体科技的迅猛发展、英语的强势局面、美国大众文化对世界各国的"大举入侵"、英美市场驱动机制的全球化扩张,以及以"国际化"为由的"英美化"等都已直接影响到其他国家的文化和高等教育,引起他们的反感和抵制。④ 以一向以本国语言、文化和科技发展为荣的法国为例,部分法国师生为保护本国高等教育自身的独特性,强烈抵制博洛尼亚进程,甚至于2003年11月爆发了数次全国性罢课。⑤ 施瑞尔(Juergen Schriewer)曾指出,博洛尼亚进程很可能只是一个"理性神话"的建构过程,各国根据各自的理解设计改革方案,公共机构设置的决定性影响和参与者相互作用的动力,导致改革出现差异明显的结果。⑥ "当国家政策构想遇到决定性转折时,所有国家的高等教育制度都出现了明显的'内化倾向'。在制定各自政策的过程中,各国都以自己本身的需求为动力,国际角色模式只用于使决策者偏爱的东西合法化,并没有带来欧洲的'趋同一致'。"⑦

无论博士生教育利益相关者在各种矛盾关系中做出怎样的选择,对博士生教育目的及其培养目标的深刻反思都是必要的。

---

① KEIIM B M. Quo Vadis Doctoral Education? New European Approaches in the Context of Global Changes [J]. European Journal of Education, 2007, 42 (3): 307 – 319.

② NERAD M, et al. Confronting Common Assumptions: Designing Future – oriented Doctoral Education [M] Ithaka, NY: Cornell University Press, 2009: 84, 89.

③ HARMAN, GRANT. Producing PhD Graduates in Australia for the Knowledge Economy [J]. Higher Education Research and Development, 2002, 21 (2): 179 – 190.

④ 耿会芬. 博洛尼亚进程背景下的法国博士生教育改革 [J]. 外国教育研究, 2009 (9): 81 – 86.

⑤ 陆华. 波洛尼亚进程中法国的四种声音:一体化VS保持特性 [J]. 比较教育研究, 2006, (9): 78 – 82.

⑥⑦ 施瑞尔, 赵雅晶. "博洛尼亚进程":新欧洲的"神话"? [J]. 北京大学教育评论, 2007 (2): 92 – 106, 190.

二、文献的启示

经上述文献分析可以看出，关于博士生培养目标的研究，已得到国内外专家学者的广泛关注。总体而言，他们达成这样的共识：一是学术型博士生培养目标以知识为重，以研究为本，强调博士生培养过程中的知识创新与学术训练；二是博士生培养目标的设置不能忽视学科之间的差异性，而应充分考虑不同学科的不同特色；三是目前博士生培养目标与社会需求之间产生了较为严重的错位和脱节现象，需要对博士生培养目标进行重新定位与调整，以使博士生培养目标的设置朝着多元化的方向发展；四是为增加目标与质量之间的适切性，除传统的知识与能力外，博士生培养目标还应拓展内容，涵盖更多的其他技能。具体到工科领域学术型博士生培养目标的研究，通过文献梳理后可获得以下启示。

其一，工科领域学术型博士生培养目标首先要遵从博士生培养目标的统一规范和内涵要求。尽管存在着较为显著的学科差异性，但从根本上说，博士生培养目标都有着最核心、最基本的能力要求，这也是贯穿博士生培养目标始终如一的目标原则。可以看到，在表2-2和表2-3呈现的关于博士生培养目标的关键词中，诸如"基础/专门知识""社会适应能力""沟通交流能力""可迁移能力""创新能力"和"团队合作"等6个目标要素是博士生培养目标和工科领域学术型博士生培养目标所共同关注的。

其二，博士生培养目标设置要遵循学科特点。工科领域以自然科学或技术科学为主要的学科基础，但实践性的学科特色要求工科领域学术型博士生培养不仅要关注博士生的学术能力，还要关注理论与实践相结合的能力，更要考虑社会对人才的需求，因此，工科领域学术型博士生培养目标设置的内容应获得相应的拓展。通过比较表2-2和表2-3发现，工科领域学术型博士生还应掌握"策划与实施项目能力""理论与实践相结合""开放的学习态度""产品监管的能力""把握全球化""工程理念""责任理念""自我管理""时间管理"和"领导力"等10个具有工科领域学科特性的能力要求。

其三，工科领域学术型博士生培养目标的设置应缓和博士生教育与社会需求之间的错位与脱节。事实上，工科领域学术型博士毕业生不应再拘泥于传统的就业场所（学术界），而应更多地走向多元化的职场。当前就业选择的现实使目标与教育之间的不适切性日益凸显，而对原有博士生培养目标的固守，将使博士生教育愈发与社会对人才的需求脱节。因此，工科领域学术型博士生培养目标的设置，必须是立体的、多元的、系统性的，只有这样才能帮助工科领域学术型博士毕业生扮演好学术界内外不同的职业角色，兼顾博士生培养目标的学术性与可雇用性。

三、潜在的研究缺口

通过上述文献分析可以看出，目前国内关于工科领域学术型博士生培养目标的研究，主要存在两方面的问题。

其一，已有研究的针对性不强。已有研究主要是从博士生培养质量和博士毕业生就业或职业发展的视角出发研究博士生培养目标，缺乏对博士生培养目标本身的深入分析和整体把握，尤其对博士生培养目标现状、困境及存在问题缺乏基本的认识。

其二，已有研究对现实的指导性不足。已有研究更多是集中在机制的探讨和概念的分析层面上，以较为宏观的方向性建议和经验性描述为主，较少运用问卷调查、质性访谈等研究方法开展更广泛的相关研究，缺乏对博士生培养目标的形成与影响因素的相关性分析，以及更深入的相关理论的探讨。特别是对问题解决过程中的各种挑战未能提出更有效的、更具可操作性的政策建议。

由此可见，我国研究型大学工科领域学术型博士生培养目标研究存在着较大的研究缺口。

本 章 小 结

本章通过浏览、检索和阅读国内外相关文献，梳理并总结了大学的教育目的、博士生教育目的、博士生培养目标和工科领域学术型博士生培养目标等相关研究的基本脉络，并由此看到，教育目的论中的两大观点不同程度地影响着博士生教育目的的定位，但不同国家和地区的教育文化传统及经济社会发展程度，也不同程度地影响着不同国家和地区的博士生培养目标。我国的博士生教育目的在不同的历史时期呈现出不同的具体要求，其核心定位仍从知识、能力和成果等三个视角予以阐述和概括。以博士生教育目的为纲，博士生培养目标及其具体的目标设置存在明显的学科差异性，故而工科领域学术型博士生培养目标既顺应学术型博士生培养目标的普遍性，又兼顾工科领域的独特性，同样在目标多元化的道路上不断推进。同时，在深入分析文献资料的基础上，本章从工科领域学术型博士生培养目标内容中提取出16个关键词，并发现了潜在的研究缺口，为后续研究打下基础。

第三章 调查访谈与编码分析[①]

通过文献梳理，本书对我国研究型大学工科领域学术型博士生培养目标构建中的目标要素，形成了一些初步概念，但博士生教育不仅是学术界内部的事，还关涉国家、社会及个人对博士人才的期待。事实上，关于高校中博士生教育培养目标的设置，其他博士生教育利益相关者的观点也应予以考虑。因此，本书首先从学术界和工业界的不同视角出发，通过访谈了解他们对博士生培养的具体看法和观点；然后运用扎根理论法对第一手的访谈资料进行初始编码、聚焦编码和理论编码的三级编码分析，以将访谈调查得来的零散观点进行收敛和聚焦，为后续阐释与呈现我国研究型大学工科领域学术型博士生培养目标要素的构建打下基础。

第一节 研究设计

一、研究方法的选择

本书以我国研究型大学工科领域学术型博士生培养目标为研究对象。培养目标的具体内容往往以文字描述为主，强调意义表达的明确性，也就是说，目标内容以定性为主，定量为辅。同时，培养目标的构建还需关注多方面的因素，往往具有较为复杂的综合性。因此，文字描述背后通常具有更深层意义上的差异。本书采用质性研究法，旨在通过对经验世界的描述，理解培养目标构建的意义，并从相关参与者的视角出发，探索真实世界中的各种现象，从而在揭示个体的差异性及更深层次的普遍性的基础上，最终对研究结论予以归纳性的描述。不过，质性研究法较易出现"信度偏低""规范性不足""结论缺乏可验证性"等方面的问题，为使本书在运用质性研究法的

[①] 刘俭，刘少雪. 博士生培养目标在学术界与工业界之间的理解差异：以工科博士生培养目标为例 [J]. 高等工程教育研究，2018（4）：113-119.

过程中，更好地平衡定性研究与定量研究的关系，本书采用质性研究法中带有更多量化分析的研究方法，即扎根理论法。

扎根理论法强调所开展的研究要深入到真实的世界中，注重在实际情境中解决问题，在解决问题中产生方案；同时又为质性研究法注入了量化分析的元素，使研究过程具有一定的可追溯性。① 事实上，运用扎根理论法开展研究的基本思路、方法设计及数据收集的方式均采用定性研究的手段，但在数据分析的过程中又吸收了定量研究的方法，从而克服了定量研究中深度不够、效度不高与定性研究中程序缺乏规范、信度较差的一对矛盾。② 更重要的是，与其他质性研究法相比，扎根理论法更强调在解释性理解研究现象的基础上构建新理论，避免传统的质性研究法所存在的理论与经验相互脱节的现象。

根据相关研究方法的利弊分析以及相关研究问题的特点与性质，本书通过深入接触博士生教育利益相关者，以访谈方式获取关于我国研究型大学工科领域学术型博士生培养目标的第一手访谈资料；然后，运用质性分析软件 ATLAS.TI，按照扎根理论法的基本原理，进行三级编码分析，获得相应的目标要素，为构建我国研究型大学工科领域学术型博士生培养目标做好准备。

二、访谈原则与对象

（一）参与访谈的原则

为确保访谈质量，本书在开展访谈的过程中贯彻执行两个原则：一是知情参与原则，即告知访谈对象相关的访谈主题，和作为访谈对象所应享受的权利与义务，如访谈目的、次数、时间、地点、访谈是否可以录音以及对研究结果的知情权等；二是匿名保密原则，即对本书所涉及的有关访谈对象的个人资料与信息等，均将获得严格的保密。

（二）访谈对象的范围

本书主要选取与我国研究型大学工科领域学术型博士生培养目标构建关

---

① 陈向明. 质的研究方法与社会科学研究 [M]. 北京：教育科学出版社，2001：12.
② 吴刚. 工作场所中基于项目行动学习的理论模型研究 [D]. 上海：华东师范大学，2013：81.

系最为紧密的博士生导师、博士毕业生、工业界相关人士等群体为访谈对象，其中在博士生导师群体中，一部分访谈对象是负责师资招聘的书记，另一部分访谈对象参与博士生培养的管理工作；在工业界相关人士群体中，一部分访谈对象是负责博士人才招聘与企业培训的人力资源部主管，另一部分访谈对象是所在企业的总负责人。我国研究型大学工科领域学术型博士毕业生也有就职于政府部门或参军的，但因其占比很小，本书未将这些相关群体纳入访谈对象的范围。

三、访谈过程的实施

（一）访谈计划与执行

首先，本书按照工科领域的专业分布，本着方便性原则，运用目的性抽样法选择第一轮访谈对象。目的性抽样法以"能提供信息"为最基本的抽样原则，从而确保研究效度不在于样本容量的大小，而在于样本适度的大小，使样本能比较完整而准确地应对研究问题。其次，本书根据扎根理论法的基本思路，通过连续比较，运用理论性抽样法选择第二或第三轮访谈对象，以确定样本容量的饱和度。

运用扎根理论法开展研究的过程本身就是一个逐步演进、理论生成的过程。具体来说，通过目的性抽样法选择第一个访谈对象，形成访谈记录，并根据访谈记录编制初始编码，然后在此基础上，再运用理论性抽样法确定是否进行回溯访谈以及样本容量是否饱和。如果在访谈记录中发现某些用于生成理论的概念模糊，那么说明该访谈对象需要进行第二或第三轮访谈；如果在访谈记录中出现的用于生成理论的新概念越来越少，也就是提取到的初始编码数越来越少，并直至趋于稳定地减少甚至消失，那么说明样本容量达到饱和，否则仍需进一步追加访谈对象。

（二）访谈提纲的设计

本书采用半结构式访谈，以确保研究者在开展访谈时能以访谈提纲为主要的参考依据，并围绕"工科领域学术型博士生应该成为什么样的人？"这一主题展开，除其中的两个关键性问题对所有访谈对象完全相同以外，其他问题则根据不同访谈对象进行了差异化的设计。访谈提纲中完全相同的两个问题是：①通过博士生培养，您觉得工科领域学术型博士生应该成为什么样的人呢？②从宏观层面上讲，我国博士生教育目的（培养的总目标）有三个

方面:知识、能力和独创精神,您是否认同呢?(具体的访谈提纲详见附录一)

(三)访谈的具体实施

首先,在访谈开始前,通过目的性抽样法选择访谈对象,并向访谈对象发出正式的访谈邀请(具体的访谈邀请函详见附录二),访谈邀请函阐明访谈的目的及访谈对象所应享受的权利与义务。其次,在访谈过程中,经访谈对象许可,对整个访谈过程进行全程录音。最后,在访谈结束后,立刻着手转录访谈录音,形成文字形式的第一手访谈资料,并在编码、分析、统计和比较的基础上,遵循扎根理论法的基本原理和研究思路,通过理论性抽样法确定是否追加访谈对象及后续的研究,以完成整个访谈过程的具体实施。

第二节 数据收集

根据上述研究设计,在本书访谈的三大群体中,由于博士毕业生群体与博士生导师群体、工业界相关人士群体之间出现大量的重合,以及研究精力有限的缘故,本书数据收集的目标群体主要侧重于博士生导师和工业界相关人士这两大群体。

一、博士生导师群体

在访谈博士生导师群体的过程中,首先,本书运用目的性抽样法选择了工学门类中"材料科学与工程"学科的一位博士生导师S1,进行了37分钟的访谈,并形成了8 496字的访谈记录。然后,通过对S1访谈资料的初步分析,编制了34条初始编码。根据理论性抽样法的基本原则,继续追加访谈对象,即选择了第二位博士生导师S2,通过上述同样的研究过程,编制了29条初始编码,其中有12条与S1的34条初始编码相同,新增初始编码为17条。同样地,根据理论性抽样法的基本原则,继续追加访谈对象,直至访谈到第12、第13、第14位博士生导师,新增初始编码数持续性地趋向于0,即可认为达到了样本容量的饱和。博士生导师群体访谈对象的基本信息及其相关初始编码情况如表3-1所示。

表3-1 博士生导师群体访谈对象的基本信息及其相关初始编码情况

代码	性别	博士毕业单位	研究方向	海外留学经验	行政经验	担任博士生导师时间/年	访谈时间/min	转录字数/字	编码条数/条	条数增量/条
S1	男	上海交通大学	轻合金	无	有	10	47	8 496	34	34
S2	男	西安交通大学	金属结构	韩国(2年)日本(2年)	有	15	50	9 718	29	17
S3	女	清华大学	焊接	无	有	16	73	12 393	34	11
S4	男	西北工业大学	叶轮机械	韩国(2年)日本(2年)美国(1年)	有	18	36	7 039	25	8
S5	男	上海交通大学	神经工程	美国(2年)	有	8	57	14 548	45	4
S6	男	美国普渡大学	传热与热辐射	美国(4年)	无	2	38	9 897	36	6
S7	男	天津大学	数据挖掘	美国(2年)	无	12	38	7 575	33	4
S8	男	香港大学	无线通信	无	无	4	58	12 943	31	5
S9	女	日本熊本大学	岩土工程	日本(4年)	无	18	42	8 551	36	3
S10	男	德国柏林大学	数值船池技术	德国(3年)	无	10	38	7 582	32	2
S11	男	吉林大学	土壤与地下水	日本(2年)美国(1年)	有	15	67	14 667	34	3
S12	男	浙江大学	多相流反应工程	无	有	6	32	6 814	39	1
S13	女	美国克拉克森大学	纳米技术	美国(9年)	有	13	42	8 324	42	1
S14	男	南京大学	计算机科学	无	无	5	45	9 002	38	1

针对 14 位博士生导师群体的访谈共进行了约 663 分钟，形成 137 549 字的访谈记录，最终编制 488 条初始编码，当第 12、13、14 位访谈对象所形成的新增初始编码数均为 1，几乎趋向于 0 时，运用理论性抽样法的基本原则可以确定样本容量的饱和度，从而结束对博士生导师群体访谈的数据收集。

二、工业界相关人士群体

与访谈博士生导师群体一样，采用相同的研究方法，编制初始编码，获得新增初始编码，并根据理论性抽样法的基本原则，逐步确定工业界相关人士群体访谈对象的追加，直至访谈到第 11、第 12、第 13 位工业界相关人士，新增初始编码数持续性趋向于 0，达到样本容量的饱和。工业界相关人士群体访谈对象的基本信息及其相关初始编码情况如表 3-2 所示。

表 3-2 工业界相关人士群体访谈对象的基本信息及其相关初始编码情况

代码	性别	博士毕业单位	海外留学经历	海外工作经历	所在行业	目前职位	单位博士占比	企业属性	访谈时间/mim	转录字数/字	编码条数/条	条数增量/条
E1	女	德国慕尼黑大学	德国（3年）	德国（5年）	航空发动机	研发主管	26%	研究院	53	12 466	51	51
E2	男	哈尔滨工业大学	无	无	航天器制造	总工程师	12%	研究院	60	13 827	41	11
E3	男	西安交通大学	无	俄罗斯（3年）	无线通信	研发主管	10%	大型民企	53	9 867	46	9
E4	女	中国科技大学	无	无	电子设备	人力资源总管	10%	中型民企	67	14 486	48	7
E5	男	德国汉堡大学	德国（3年）	无	轮船制造	总工程师	10%	大型国企	34	5 922	37	5
E6	男	上海交通大学	美国（1年）	无	医疗机械	研发人员	10%	大型民企	35	6 998	45	6
E7	男	南京大学（工程类硕士）	无	无	汽车制造	人力资源总管	8%	大型外企	45	8 298	48	3

续上表

代码	性别	博士毕业单位	海外留学经历	海外工作经历	所在行业	目前职位	单位博士占比	企业属性	访谈时间/min	转录字数/字	编码条数/条	条数增量/条
E8	男	清华大学	无	无	钢铁冶金	研发总裁	8%	大型国企	68	20 706	58	2
E9	男	同济大学	无	无	汽轮机械	总工程师	5%	中型民企	35	6 935	33	3
E10	男	东南大学	无	无	土木工程	总设计师兼博士生导师	5%	设计院	41	7 354	42	2
E11	男	新加坡南洋理工大学（管理类硕士）	无	无	日用化工	副总裁	2%	中型外企	38	6 735	29	1
E12	女	法国HEC	法国（4年）	无	环境科技	董事长	2%	小型民企	39	7 273	32	1
E13	男	上海交通大学	日本（1年）	无	纳米材料	研发人员	2%	中型民企	45	8 934	37	1

针对 13 位工业界相关人士群体的访谈共进行了约 613 分钟，形成 129 801 字的访谈记录，最终编制 547 条初始编码。当第 11、第 12、第 13 位访谈对象所形成的新增初始编码数均为 1，几乎趋向于 0 时，运用理论性抽样法的基本原则可确定样本容量的饱和度，从而结束对工业界相关人士群体访谈的数据收集。

第三节 样本统计

一、博士生导师群体

根据扎根理论法的基本原理和研究思路，本书共访谈了 14 位博士生导师，其中，男性博士生导师居多，总计 11 位，占比 78.6%；女性博士生导师较少，总计 3 位，占比 21.4%。

（一）获得博士学位的高校统计

在博士生导师群体的样本中，有9位访谈对象获得工科领域学术型博士学位的高校是中国大陆地区的研究型大学，占比64.3%，其中6位来自C9联盟高校[①]；有1位访谈对象在中国香港特别行政区获得工科领域学术型博士学位；还有4位访谈对象在国外获得工科领域学术型博士学位。

（二）涉及工学门类的一级学科统计

根据博士生导师研究方向的统计，涉及工学门类中的一级学科有12个，占总体工学门类一级学科的30.8%，主要包括机械工程（0802）、材料科学与工程（0805）、动力工程及工程热物理（0807）、电子科学与技术（0809）、信息与通信工程（0810）、控制科学与工程（0811）、计算机科学与技术（0812）、土木工程（0814）、化学工程与技术（0817）、船舶与海洋工程（0824）、环境科学与工程（0830）和生物医学工程（0831）等。

（三）海外留学经历的统计

在博士生导师群体的样本中，大部分博士生导师都有海外留学的经历，总计10位，占比71.4%，其中有1位博士生导师的博士学位是在中国香港特别行政区研究型大学获得的，另有3位博士生导师的海外留学目的国超过1个。海外留学年限在2~9年之间，平均年限为4年。另外，有4位博士生导师没有海外留学经历。

（四）所在高校行政管理经验的统计

在博士生导师群体的样本中，有8位博士生导师具备高校行政管理经验，特别是博士生培养的管理经验，占比57.1%，且其中有2位博士生导师不仅具备高校行政管理经验，还担任所在院系的书记一职，即负责人事招聘与人事管理。也就是说，他们同时也是博士毕业生就职于学术界的雇主。另有6位博士生导师完全没有所在高校的行政管理经验，仅仅从事教学、科研和博士生培养等的学术工作。

---

① C9联盟高校是中国首个顶尖大学间的高校联盟，于2009年10月启动。包括北京大学、清华大学、复旦大学、上海交通大学、南京大学、浙江大学、中国科学技术大学、哈尔滨工业大学和西安交通大学。

(五) 担任博士生导师年数的统计

在博士生导师群体的样本中,担任博士生导师工作的年数在 2～18 年之间,平均年数为 10.9 年,中位数为 11 年。需要说明的是,虽然 S8 担任博士生导师工作的年数仅为 4 年,但其在进入学术界之前,曾具备约 5 年的工业企业工作经验。

二、工业界相关人士群体

工业企业是指以营利为目的、以生产要素为手段,通过社会化大生产从事工业生产经营,并最大限度地满足用户不断增长的需求,依法自主经营、自负盈亏,具有独立法人资格的经济组织。① 工业企业的主要特征包括五个方面,一是大规模地将机器及其体系用于生产,并系统性地将科学技术用于生产环节;二是劳动分工精细,协作关系复杂而严密;三是生产过程具有极高的连续性和比例性;四是兼具经济性与组织性的二重性特征;五是兼具商品性与工业性的二重性特征。② 在本书中的"工业界"指的就是博士生毕业后所就职的工业企业。

一般来说,并非所有工业企业都有雇佣博士毕业生的需求,只有那些关注技术创新、期望通过技术创新引领行业发展的工业企业才有雇佣博士毕业生的需求。根据扎根理论法的基本原理和研究思路,本书共访谈了 13 位工业界相关人士,其中男性居多,总计 10 位,占比 76.9%;女性较少,总计 3 位,占比 23.1%。

(一) 获得博士学位的高校统计

在工业界相关人士群体的样本中,有 8 位访谈对象获得博士学位的高校是中国大陆地区的研究型大学,占比 61.5%,其中 6 位来自 C9 联盟高校;有 3 位访谈对象获得博士学位的高校是国外研究型大学,占比 23.1%,其中 2 所高校排在 2018 年 ARWU③ 世界大学排名的前 100 名;有 2 位访谈对象没有博士学位(仅有硕士学位),其中一位是所在工业企业的人力资源部主管,负责招聘和在职培训博士人才;另一位是所在工业企业的总负责人,负责招聘和使用博士人才,故而本书将他们也纳入到访谈对象的范围内。

---

① 何业才. 新编现代工业企业管理 [M]. 北京:经济管理出版社,2005:1-3.
② 段志雁. 工业企业技术创新能力评价与波动性研究 [D]. 大庆:东北石油大学,2011:25.
③ ARWU,即软科世界大学学术排名,英文全称是 ShanghaiRanking's Academic Ranking of World Universities。

（二）海外留学和工作经历的统计

与博士生导师群体不同的是，在工业界相关人士群体的样本中，具有海外留学经历的访谈对象并不多，总计5位，占比38.5%，且其海外留学目的国均只有1个。海外留学年限在1～4年，平均年限为2.4年。另外，具有海外工作经历的访谈对象更少，总计2位，占比15.4%，且其海外工作目的国也均只有1个。海外工作年限在3～5年，平均年限为4年。

（三）访谈对象就职的工业企业所在行业的统计

在工业界相关人士群体的样本中，访谈对象就职的工业企业所在的行业大多可与上述博士生导师所在的工学门类一级学科相对应，如钢铁冶金行业对应材料科学与工程专业（0805）、无线通信行业对应信息与通信工程专业（0810）、航空发动机或航天器制造行业对应控制科学与工程专业（0811）、土木工程行业对应土木工程专业（0814）、日用化工行业对应化学工程与技术专业（0817）、轮船制造行业对应船舶与海洋工程专业（0824）、环境科技行业对应环境科学与工程专业（0830）、医疗机械行业对应生物医学工程专业（0831）等。

（四）访谈对象时任职位的统计

在工业界相关人士群体的样本中，有2位访谈对象专门从事人力资源管理，负责博士人才的招聘与在职培训，占比15.4%；有2位访谈对象是具备综合性素质的工业企业总负责人，即董事长或总裁，占比15.4%；有9位访谈对象是从事企业研发和技术创新工作的技术工程师或研发主管，占比69.2%。

（五）访谈对象所在工业企业类型的统计

在工业界相关人士群体的样本中，访谈对象所就职的工业企业中具有博士学位的雇员占比在2%～26%之间，平均占比为8.5%。根据国家统计局的《统计上大中小微型企业划分办法》，通过衡量职工人数、固定资产价值、生产设备数量和生产面积以及综合生产能力等指标，可对工业企业规模进行划分，并发现有5位访谈对象来自大型工业企业，有4位来自中型工业企业，有3位来自工业研究院或设计院，有1位来自小型工业企业。

通过对博士生导师和工业界相关人士群体的样本分析可以发现，按照扎根理论法的基本原理进行目的性抽样和理论性抽样所获得的样本集合，在性别、职业、经历和学科方向等各个方面均呈多样化的表现，从而提高了数据收集的信度与效度，使后续的数据分析更具研究的可靠性。

第四节 编码分析

一、初始编码

（一）初始编码的产生

根据前述博士生培养目标的概念界定，目标内容的具体明确是博士生培养目标构建过程中最重要的因素之一。因此，本书在编制初始编码时，力求确保每一条初始编码指向唯一的意义，运用简洁的语言使初始编码与意义之间能形成一对一的明确关系，避免一对多的意义混淆。现以某访谈对象的访谈记录为例，编制初始编码的过程具体详见表3-3。

表3-3 根据访谈记录编制初始编码的具体过程

访谈记录（初始编码号）	初始编码
对于一个工科博士来说，我们非常看重的是他的技术创新能力[1]，他在学校里做论文也好，做课题也好，所培养的是他在整个研究过程中有新发现、有创新这样的能力[2]，所以这个创新的能力是非常重要的，我们在选择这个博士生的时候，比较看中的就是他的这个创新能力。另外呢，就是理论基础[3]。这个理论基础呢？对于我们公司来说，我们比较看重他的专业知识能力，那么专业知识能力强了之后，在你创新的过程中，要有这个逻辑思维的支撑[4]，有一些甚至是专业模型的支撑，那你的那个技术方案呢，会更加的稳健可靠。同时呢，我们作为一个大型的公司，在做创新的过程中呢，需要与人合作[5]，所以这个沟通能力也很重要[6]。如果你有一肚子的话，也有一肚子的技术，但却又不能好好地表达出来[7]，你这样也很难把你的创新、把你的成果转移到实际的产品里面去	（1）技术创新能力 （2）科研创新能力 （3）学科知识理论 （4）逻辑思维能力 （5）团队合作能力 （6）有效沟通的能力 （7）有效表达的能力

经数据收集，可逐步生成1 035条初始编码。在进一步分析的基础上，将形成于博士生导师群体的488条初始编码，经合并同类项后凝练成82条初始编码；形成于工业界相关人士群体的547条初始编码，经合并同类项后凝练成84条初始编码；其中，52条初始编码在两大群体中完全相同，相同率达约46.1%。因此，本书根据数据分析共获得113条初始编码，基本覆盖

了工科领域学术型博士生培养目标前期研究中的所有关键词。

另外，本书按初始编码被不同访谈对象提及的次数，计算每一个初始编码的频次。频次越高，意味着该初始编码所代表的观点获得访谈对象的认同程度越高。如在围绕"工科领域学术型博士生应该成为什么样的人"为主题的访谈过程中，在所有14位博士生导师访谈对象里，有10位提到"总结归纳文献观点的能力"，有3位提到"改造实验设备的能力"，即可认为，前一个观点比后一个观点获得不同访谈对象提及的次数更多，继而获得的认同程度也相应地更高。需要说明的是，在统计初始编码被提及的次数时，不包括同一访谈对象在访谈过程中对某一初始编码的重复提及次数。另外，大部分的访谈对象在访谈时对工科领域学术型博士生所应具备的能力要求均采用肯定的语气，故而本书在频次统计中始终作正向累积，仅有一位访谈对象在谈及某些观点时做出弱化观点的对比描述，但其所涉及的观点数非常少，因此，在频次统计中的负向累积忽略不计。初始编码的具体内容及频次统计详见附录三。

（二）初始编码的分析

频次统计是本书进行初始编码分析的主要手段。在分别对来自博士生导师群体的82条初始编码和来自工业界相关人士群体的84条初始编码进行频次统计后，可获得两大群体初始编码的频次统计分布，通过对其折线趋势和线性回归的叠加，可进行相应的比较分析，详见图3-1。

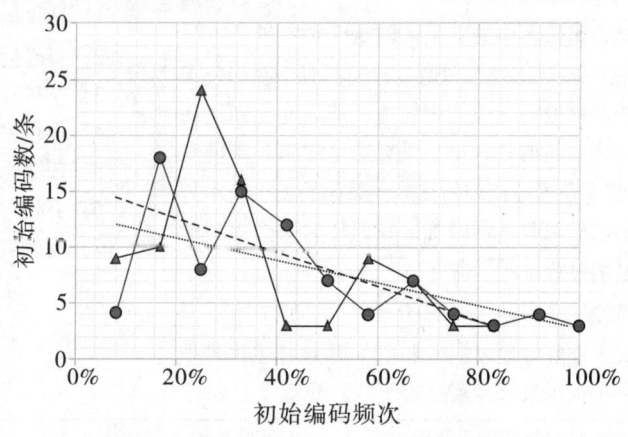

图3-1 两大群体初始编码频次统计分布比较

由图3-1可发现，代表博士生导师群体的三角折线比代表工业界相关人士群体的圆圈折线更聚拢，且其相对应的线性回归线与横坐标轴的夹角更大。可见，在我国研究型大学工科领域学术型博士生培养目标构建的讨论中，工业界相关人士群体的观点更分散。出现这种现象的原因可能在于，与博士生导师身处的学术界环境相比，工业界相关人士群体身处的工业界环境更多元化，以使后者对工科领域学术型博士生培养目标的构建产生了更多的期待。

为了更清晰地呈现频次统计结果，本书将频次统计分布进行等距数列切分，以频次统计的20%为组距切分成5个不同的频次统计区段，每个区段中的初始编码所代表的观点指向不同的认同程度。在每个频次统计区段上，对两大群体的初始编码数、两大群体达成共识的初始编码数和共识率分别进行统计，详见表3-4。

表3-4 两大群体初始编码在不同频次区段上的分布表

频次	认同程度	博士生导师群体的初始编码数/条	工业界相关人士群体的初始编码数/条	两大群体达成共识的初始编码数/条（向下累积）	共识率（向下累积）
81%及以上	非常认同	3	9	1（81%及以上）	9.1%
61%~80%	很认同	10	11	8（61%以上）	32.0%
41%~60%	一般认同	14	22	18（41%以上）	35.3%
21%~40%	不太认同	38	22	36（21%以上）	38.7%
20%及以下	很不认同	17	20	52（0%以上）	46.1%
总计	—	82	84	—	—

注：共识率（向下累积）=共识数（向下累积）/［博士生导师群体初始编码数之和+工业界相关人士群体初始编码数之和-共识数（向下累积）］。例如，41%以上的共识率=18/［(3+10+14)+(9+11+22)-18］×100%=35.3%。

对两大群体初始编码在不同频次统计区段上的分布进行比较后发现，博士生导师群体中处于"一般认同"程度以上的初始编码数占比不到1/3（27/82）；工业界相关人士群体中处于"一般认同"程度以上的初始编码数占比有所提高，但也仅达到1/2（42/84）。可见，在两大群体内部，获得高度认同的重要观点并不多。两大群体的初始编码在不同频次统计区段上的占比分布，详见图3-2。

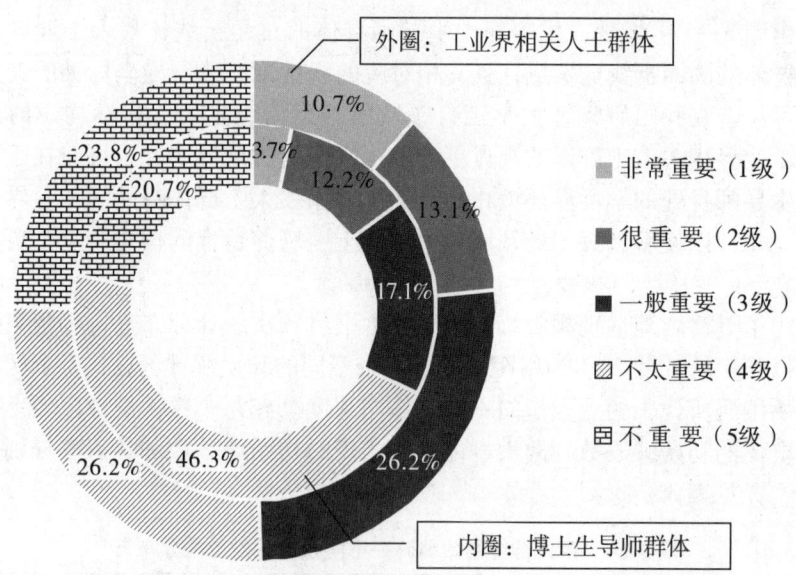

图3-2 两大群体的初始编码在不同频次统计区段上的占比分布

另外,两大群体达成共识的初始编码数及其占比随着频次统计区段的累积而加速增长,可见随着观点认同度的提高,两大群体在我国研究型大学工科领域学术型博士生培养目标构建上的分歧反而是越来越大的。两大群体处于"一般认同"程度以上的初始编码的具体内容和认同度排序也不尽相同,详见表3-5。

表3-5 两大群体处于"一般认同"程度以上的初始编码表

认同程度	博士生导师群体的初始编码	工业界相关人士群体的初始编码
非常认同	1. 准确表述观点的能力 2. 总结归纳文献观点的能力 3. 明确研究方法的能力	1. 学科知识理论 2. 有效沟通的能力 3. 保持工程与学术互动的能力 4. 准确表述观点的能力 5. 工程实践能力 6. 团队合作能力 7. 具备工程意识的能力 8. 科研创新能力 9. 了解相关工业领域的能力

续上表

认同程度	博士生导师群体的初始编码	工业界相关人士群体的初始编码
很认同	1. **学科知识理论** 2. **工程实践能力** 3. **宏观把握研究领域的能力** 4. **有效沟通的能力** 5. **科研创新能力** 6. **有效表达的能力** 7. **跨学科的知识与能力** 8. **独立开展学术研究的能力** 9. 结合文献与研究问题的能力 10. 明确研究问题的能力	1. **职业规划能力** 2. 系统思维能力 3. 融会贯通的能力/知识的整合 4. 认识并理解自身工作的能力 5. **宏观把握研究领域的能力** 6. **有效表达的能力** 7. **跨学科的知识与能力** 8. **善于思考的能力** 9. **终生学习的能力** 10. 技术创新能力 11. 具备脚踏实地的精神
一般认同	1. **职业规划能力** 2. **善于思考的能力** 3. **整体把握研究过程的能力** 4. 开展实验的能力 5. 设计系统性研究方案/技术方案的能力 6. 完整呈现研究过程的能力 7. 确切表述问题的能力 8. 学术论文写作能力 9. **终生学习的能力** 10. **具备人文素养** 11. 提出质疑或建议的能力 12. 团队合作能力 13. **逻辑思维能力** 14. 设计实验的能力	1. **总结归纳文献观点的能力** 2. 具备领导力 3. 思维创新的能力 4. 考虑企业实际需求的能力 5. **具备人文素养** 6. 社会交往能力 7. 承接工程项目的能力 8. 工程成本控制能力 9. 优化工艺流程的能力 10. 具备好奇心 11. 组织协调能力 12. **明确研究方法的能力** 13. **独立开展学术研究的能力** 14. **整体把握研究过程的能力** 15. **逻辑思维能力** 16. 快速学习的能力 17. 明确研究目标的能力 18. 具备国际化视野 19. 推动技术发展的能力 20. 企业研究项目管理能力 21. 为产品创造新价值的能力 22. 规划企业发展的能力

注：加深的初始编码代表两大群体达成共识的观点，总计18条。

二、聚焦编码

(一) 聚焦编码的产生

在编制聚焦编码的过程中,本书以初始编码为基础,通过提取关键词归纳总结出初始编码的主旨意义,再将主旨意义上联系密切的初始编码归为同一概念类属。通过发现与建立概念类属之间的各种联系,使整个聚焦过程中的编码内容在文字表达上更明确、清晰;在整体框架上更合理、顺畅,最终形成更具逻辑性、层次性、平衡性和可考性的聚焦编码集合。举例说明,诸如"明确实验目的的能力""设计实验的能力""配备实验设备的能力""分析实验结果的能力""充分有效使用实验设备的能力""开展实验的能力""改造实验设备的能力"和"具备实验伦理意识"等8条初始编码,均从不同角度与工科领域学术型博士生在开展实验的过程中所提出的相关能力要求发生联系,因此,将这8条初始编码根据其在主旨意义上联系的密切程度,归为同一概念类属,即聚焦编码"实验能力"。

通过概念类属的建立与划分,本书将博士生导师群体所凝练的82条初始编码聚焦生成31条聚焦编码,工业界相关人士群体所凝练的84条初始编码聚焦生成37条聚焦编码。在此基础上,再对两大群体生成的聚焦编码进行归纳与整合,最终总计聚焦生成33条聚焦编码。聚焦编码的内容及频次统计详见表3-6;聚焦编码的编制过程详见附录四。

表3-6 聚焦编码的具体内容及频次统计(按综合频次统计降序排列)

序号	聚焦编码的具体内容	学术界频次统计/%	工业界频次统计/%	综合频次统计/%
1	沟通能力	64.3	100.0	81.5
2	学术创新能力	64.3	84.6	74.1
3	学科知识跨界能力	71.4	65.4	68.5
4	文献调研的能力	75.0	46.2	61.1
5	学科知识理解能力	57.1	50.0	53.7
6	学术向工程转变的能力	14.3	94.9	53.1
7	协同合作能力	21.4	73.1	46.3
8	知识迁移能力	14.3	76.9	44.4

续上表

序号	聚焦编码的具体内容	学术界频次统计/%	工业界频次统计/%	综合频次统计/%
9	思维创新能力	28.6	53.8	40.7
10	综合语用能力	50.0	29.2	40.0
11	提高表达效用的能力	42.9	34.6	38.9
12	论证分析能力	42.9	34.6	38.9
13	更新知识的能力	28.6	43.6	35.8
14	主动精神	30.4	38.5	34.3
15	工程能力	17.1	52.3	34.1
16	解决研究问题的能力	40.8	17.6	29.6
17	获取知识的能力	7.1	53.8	29.6
18	独立精神	40.5	15.4	28.4
19	发现研究问题的能力	40.5	12.8	27.2
20	职业素养	14.9	35.0	24.6
21	书面表达能力	46.4	0.0	24.1
22	分析研究问题的能力	31.3	16.3	24.1
23	综合理解能力	21.4	25.6	23.5
24	企业创新能力	0.0	48.7	23.5
25	企业综合管理能力	7.1	39.3	22.6
26	交流能力	25.0	15.4	20.4
27	指导能力	35.7	0.0	18.5
28	实验能力	29.5	3.8	17.1
29	科学素养	8.6	23.1	15.6
30	技术能力	0.0	28.2	13.6
31	教学能力	14.3	0.0	7.4
32	适应能力	2.4	10.3	6.2
33	组建团队能力	0.0	7.7	3.7

由表 3-6 发现，从聚焦编码的综合频次统计来看，两大群体在"学术向工程转变的能力""学术创新能力""学科知识跨界能力""文献调研的能力""学科知识理解能力""沟通能力""协同合作能力""知识迁移能力"和"思维创新能力"等 9 个方面达到一般认同程度以上的共识，特别是在"沟通能力"的目标要求上，两大群体的认同度最高。

（二）聚焦编码的分析

根据两大群体在聚焦编码层面上的频次统计，可分别获得不同排序的聚焦编码集合，详见表 3-7、表 3-8。

表 3-7 博士生导师群体在聚焦编码层面上的不同排序（按频次统计降序排列）

序号	聚焦编码的具体内容	学术界频次统计/%
4	文献调研的能力	75.0
3	学科知识跨界能力	71.4
2	学术创新能力	64.3
1	沟通能力	64.3
5	学科知识理解能力	57.1
10	综合语用能力	50.0
21	书面表达能力	46.4
11	提高表达效用的能力	42.9
12	论证分析能力	42.9
16	解决研究问题的能力	40.8
19	发现研究问题的能力	40.5
18	独立精神	40.5
27	指导能力	35.7
22	分析研究问题的能力	31.3
14	主动精神	30.4
28	实验能力	29.5
9	思维创新能力	28.6
13	更新知识的能力	28.6

续上表

序号	聚焦编码的具体内容	学术界频次统计/%
26	交流能力	25.0
23	综合理解能力	21.4
7	协同合作能力	21.4
15	工程能力	17.1
20	职业素养	14.9
8	知识迁移能力	14.3
6	学术向工程转变的能力	14.3
31	教学能力	14.3
29	科学素养	8.6
25	企业综合管理能力	7.1
17	获取知识的能力	7.1
32	适应能力	2.4
33	组建团队能力	0.0
24	企业创新能力	0.0
30	技术能力	0.0

表3-8 工业界相关人士群体在聚焦编码层面上的不同排序（按频次统计降序排列）

序号	聚焦编码的具体内容	学术界频次统计/%
1	沟通能力	100.0
6	学术向工程转变的能力	94.9
2	学术创新能力	84.6
8	知识迁移能力	76.9
7	协同合作能力	73.1
3	学科知识跨界能力	65.4
9	思维创新能力	53.8
17	获取知识的能力	53.8

续上表

序号	聚焦编码的具体内容	学术界频次统计/%
15	工程能力	52.3
5	学科知识理解能力	50.0
24	企业创新能力	48.7
4	文献调研的能力	46.2
13	更新知识的能力	43.6
25	企业综合管理能力	39.3
14	主动精神	38.5
20	职业素养	35.0
11	提高表达效用的能力	34.6
12	论证分析能力	34.6
10	综合语用能力	29.2
30	技术能力	28.2
23	综合理解能力	25.6
29	科学素养	23.1
16	解决研究问题的能力	17.6
22	分析研究问题的能力	16.3
26	交流能力	15.4
18	独立精神	15.4
19	发现研究问题的能力	12.8
32	适应能力	10.3
33	组建团队能力	7.7
28	实验能力	3.8
27	指导能力	0.0
21	书面表达能力	0.0
31	教学能力	0.0

由表3-7、表3-8发现，在相同的频次统计区段上，两大群体聚焦编码排序的相同率都较低。在频次统计81%及以上没有出现相同的聚焦编码；在频次统计61%~80%区段上出现1个相同的聚焦编码，即"学科知识跨界能力"；在频次统计41%~60%区段上出现1个相同的聚焦编码，即"学科知识理解能力"；在频次统计21%~40%区段上出现2个相同的聚焦编码，即"主动精神"和"综合理解能力"；在频次统计20%及以下出现1个相同的聚焦编码，即"适应能力"。另外，对于"组建团队能力""企业创新能力"和"技术能力"等3个聚焦编码，博士生导师群体完全没有提及；而对于"指导能力""书面表达能力"和"教学能力"等3个聚焦编码，工业界相关人士群体完全没有提及。另外，与初始编码相比，两大群体达成共识的聚焦编码数及其占比，随着频次统计区段的不断累积进一步加速增长，可见，在聚焦编码层面上，两大群体关于某一目标要素的认同所存在的分歧更显著。两大群体达成共识的编码数占比增长趋势的比较分析，详见图3-3。

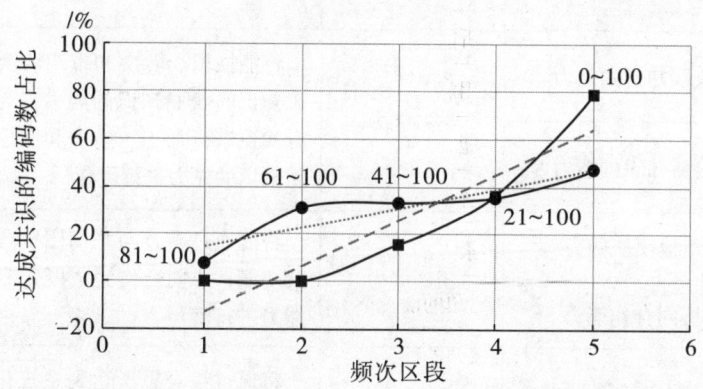

图3-3　两大群体达成共识的编码数占比增长趋势的比较分析

三、理论编码

（一）理论编码的产生

在形成初始编码和聚焦编码的基础上，运用较为宽泛的理论范畴，本书通过进一步分析聚焦编码，生成了概括性更强、高度浓缩的理论编码，以对概念类属继续进行收敛和聚焦，从而整合形成一个解释性的理解。理论编码的编制过程，详见表3-9。

表3-9 理论编码的编制过程

序号	聚焦编码	理论编码	理论编码的编制说明
5	学科知识理解能力	掌握学科知识的能力	将辨认、识别和记忆学科知识概念、法则及理论观点等的学科知识理解能力,与结合其他相关学科进行方法交叉、理论借鉴和知识渗透等的学科知识跨界能力进行聚焦
3	学科知识跨界能力		
19	发现研究问题的能力	研究能力	将贯穿于整体研究过程中各环节的发现、分析和解决研究问题的能力,以及与此密切相关的实验能力和文献调研的能力进行聚焦
22	分析研究问题的能力		
16	解决研究问题的能力		
4	文献调研的能力		
28	实验能力		
17	获取知识的能力	学习能力	将能抽取、转换和重组各类信息源知识的获取知识的能力,与对既有知识进行加工、整理和反思的更新知识的能力进行聚焦
13	更新知识的能力		
33	组建团队能力	团队能力	将能通过整合与平衡团队构架及其功能,协同合作完成既定目标的能力进行聚焦
7	协同合作能力		
23	综合理解能力	思维能力	将通过综合思考达到系统化的综合理解能力,与通过论据证明或证实相关理论或观点的论证分析能力进行聚焦
12	论证分析能力		
14	主动精神	软实力	借用"软实力"的概念,即一种与竞争主体的内在精神特质相联系的精神性力量,① 将个体所具备的某种思维、素养或导向能力进行聚焦
18	独立精神		
32	适应能力		
29	科学素养		
20	职业素养		

① 陈书云. 大学生软实力问题研究 [D]. 武汉:武汉轻工大学,2014:27.

续上表

序号	聚焦编码	理论编码	理论编码的编制说明
8	知识迁移能力	迁移能力	将通过知识整合对新的知识经验与认知结构产生相应影响的知识迁移能力，与通过学术研究对相关工业领域中的问题或观点产生影响的学术向工程转变的能力进行聚焦
6	学术向工程转变的能力		
25	企业综合管理能力	企业胜任力	将就职于工业企业岗位并胜任相关工作的各项能力进行聚焦
30	技术能力		
15	工程能力		
27	指导能力	教学与指导能力	将指点、引导相关个体并顺利开展教学活动的能力进行聚焦
31	教学能力		
26	交流能力	沟通与交流的能力	将能通过信息共享与互换，具备与他人进行有效信息沟通的能力进行聚焦
1	沟通能力		
2	学术创新能力	创新能力	将能在各种实践活动领域中不断提供具有价值的新思想、新理论、新方法和新发明的能力进行聚焦
9	思维创新能力		
24	企业创新能力		
21	书面表达能力	表达能力	将能够运用口语或文字根据不同的环境选择适当的表达形式，并通过综合的语言知识进行得体交际的能力进行聚焦
11	提高表达效用的能力		
10	综合语用能力		

通过对聚焦编码的进一步分析，本书总计生成 12 条理论编码，理论编码的具体内容及其频次统计详见表 3-10。

表 3-10 理论编码的具体内容及频次统计（按综合频次统计降序排列）

序号	理论编码的具体内容	学术界频次统计/%	工业界频次统计/%	综合频次统计/%
1	掌握学科知识的能力	64.3	57.7	61.1
2	迁移能力	14.3	90.4	50.9

续上表

序号	理论编码的具体内容	学术界频次统计/%	工业界频次统计/%	综合频次统计/%
3	沟通与交流的能力	38.1	43.6	40.7
4	创新能力	18.6	56.9	37.0
5	表达能力	47.6	23.9	36.2
6	学习能力	17.9	48.7	32.7
7	团队能力	14.3	51.3	32.1
8	思维能力	30.0	29.2	29.6
9	研究能力	37.2	14.8	26.5
10	企业胜任力	8.8	41.2	24.4
11	软实力	17.6	28.1	22.6
12	教学与指导能力	21.4	0.0	11.1

由表3-10发现，从理论编码的综合频次统计来看，两大群体在"掌握学科知识的能力""迁移能力"和"沟通与交流的能力"等3个方面达到一般认同程度以上的共识。

（二）理论编码的分析

根据两大群体在理论编码层面上的频次统计，可分别获得不同排序的理论编码集合，详见表3-11、表3-12。

表3-11 博士生导师群体在理论编码层面上的不同排序（按频次统计降序排列）

序号	理论编码的具体内容	学术界频次统计/%
1	掌握学科知识的能力	64.3
5	表达能力	47.6
3	沟通与交流的能力	38.1
9	研究能力	37.2
8	思维能力	30.0
12	教学与指导能力	21.4

续上表

序号	理论编码的具体内容	学术界频次统计/%
4	创新能力	18.6
6	学习能力	17.9
11	软实力	17.6
2	迁移能力	14.3
7	团队能力	14.3
10	企业胜任力	8.8

表3-12 工业界相关人士群体在理论编码层面上的不同排序（按频次统计降序排列）

序号	理论编码的具体内容	学术界频次统计/%
2	迁移能力	90.4
1	掌握学科知识的能力	57.7
4	创新能力	56.9
7	团队能力	51.3
6	学习能力	48.7
3	沟通与交流的能力	43.6
10	企业胜任力	41.2
8	思维能力	29.2
11	软实力	28.1
5	表达能力	23.9
9	研究能力	14.8
12	教学与指导能力	0.0

由表3-11、表3-12进一步发现，在相同频次统计区段上，两大群体理论编码排序的相同率很低，在频次统计21%~40%区段上出现1个相同的理论编码，即"思维能力"。另外，对于"教学与指导能力"，工业界相关人士群体完全没有提及。可见，与聚焦编码相比，两大群体在理论编码层面上的观点分歧更显著。

通过计算两大群体理论编码的频次统计差异，可更清晰地展现出两大群体在我国研究型大学工科领域学术型博士生培养目标构建过程中，对不同目标要素的不同认同度和关注差异。详见表3-13。

表3-13 两大群体理论编码的频次统计差异（按统计差异升序排列）

理论编码	学术界		工业界		两大群体频次统计差异
	频次统计	排序	频次统计	排序	
迁移能力	14.3%	[10]	90.4%	[1]	-76.1%
创新能力	18.6%	[7]	56.9%	[3]	-38.3%
团队能力	14.3%	[11]	51.3%	[4]	-37.0%
企业胜任力	8.8%	[12]	41.2%	[7]	-32.4%
学习能力	17.9%	[8]	48.7%	[5]	-30.8%
软实力	17.6%	[9]	28.1%	[9]	-10.5%
沟通与交流的能力	38.1%	[3]	43.6%	[6]	-5.5%
思维能力	30.0%	[5]	29.2%	[8]	0.8%
掌握学科知识的能力	64.3%	[1]	57.7%	[2]	6.6%
教学与指导能力	21.4%	[6]	0.0%	[12]	21.4%
研究能力	37.2%	[4]	14.8%	[11]	22.4%
表达能力	47.6%	[2]	23.9%	[10]	23.7%

注：两个群体频次统计差异若为正值，说明博士生导师群体更为认同；若为负值，说明工业界相关人士群体更为认同。

由表3-13发现，一方面，在12个理论编码中，有4个理论编码频次统计差异的绝对值≤10%，即"软实力""沟通与交流的能力""掌握学科知识的能力"和"思维能力"，也就是说，这4个理论编码在两大群体中的认同程度是相当的。其他8个理论编码的频次统计差异较大，其中5个理论编码是工业界相关人士群体比较认同的，即"迁移能力""创新能力""团队能力""企业胜任力"和"学习能力"等；3个理论编码是博士生导师群体比较认同的，即"研究能力""教学与指导能力"和"表达能力"等。另外，在两大群体理论编码的频次统计排序中，"掌握学科知识的能力"均处于前列，且其重要地位和认同程度都很高，可见，这正是两大群体对我国研究型大学工科领域学术型博士生培养目标达成理解共识的主要体现。不过，即使如此，学术界与工业界不同的职场环境及两者不同的价值取向，使两大群体对"工科领域学术型博士生应该成为什么样的人"有着不同的解读，因此，形成了在大部分培养目标要求上的理解差异。那么，在我国研究型大学工科领域学术型博士生培养目标构建的过程中，应充分重视两大群体的理解差异，并切实为实现"培养学术型人才与应用型人才并举"的国家层面的博士生培养总目标而努力。

本 章 小 结

根据扎根理论法的基本原理和研究思路，在运用目的性抽样法、理论性抽样法和确保样本数据信度与效度的基础上，本书对14位工科领域博士生导师和13位工业界相关人士进行了质性访谈，并通过对访谈资料进行三级编码，生成了113条初始编码、33条聚焦编码和12条理论编码。进一步的数据分析发现，在我国研究型大学工科领域学术型博士生培养目标构建的过程中，博士生导师群体和工业界相关人士群体对工科领域学术型博士培养目标的理解有着基本共识，特别是对"掌握学科知识的能力"的目标诉求一致，但对其他目标要求，两大群体的认识差异明显，且观点分歧度随三级编码的深入而不断扩大。最终，两大群体仅在"软实力""思维能力""沟通与交流的能力"和"掌握学科知识的能力"等4个方面保持相近的认同度。两大群体的观点及其差异理解为进一步的目标意义阐释和构建打下研究基础。

第四章 目标意义阐释与构建[①]

根据扎根理论法的研究思路,通过持续性的数据收集与编码分析之间的互动及比较,本书总计生成113条初始编码、33条聚焦编码和12条理论编码。那么,为进一步完成扎根于访谈资料中自下而上地构建关于我国研究型大学工科领域学术型博士生培养目标的理论,在获得零散观点和关键特征以提炼"我国研究型大学工科领域学术型博士生培养目标要素清单"(以下简称"目标要素清单")的过程中,需将理论编码作为构建"目标要素清单"的框架体系,并以此为逻辑主线详细阐释各维度(目标要素)的内在意义及其相互之间的结构关系,然后通过进一步地分析、比较、修正和调整,最终完成扎根理论法的理论构建,从最现实的视角,形成按需定制、灵活组合的"目标要素清单"。

第一节 目标的内在意义及其结构关系

一、掌握学科知识的能力

本书将辨认、识别和记忆学科知识概念、法则及理论观点等的"学科知识理解能力",与结合其他相关学科进行方法交叉、理论借鉴和知识渗透等的"学科知识跨界能力"进行聚焦,获得理论编码"掌握学科知识的能力"。通过频次统计分析后发现,该目标要素在博士生导师群体的频次统计中排名第1,达64.3%,并与该群体中排名第2的"表达能力"的频次统计(47.6%)之间相距较大,可见,博士生导师群体对博士生的"掌握学科知识的能力"相当认同。另外,该目标要素在工业界相关人士群体的频次统计(57.7%)中排名第2,且与博士生导师群体的频次统计相比,差异不大

---

① 刘俭,刘少雪. 博士生培养目标在学术界与工业界之间的理解差异:以工科博士生培养目标为例[J]. 高等工程教育研究,2018(4):113–119.

（频次统计差异6.6%）。"掌握学科知识的能力"在我国研究型大学工科领域学术型博士生培养目标的构建中处于很认同的地位（综合频次统计61.1%）。该目标要素的内容构成详见表4-1。

表4-1 "掌握学科知识的能力"的目标内涵

理论编码	聚焦编码	初始编码（综合频次统计）
掌握学科知识的能力	学科知识理解能力	●学科知识理论（88.9%） ●在更大知识背景中定位研究领域的能力（18.5%）
	学科知识跨界能力	●跨学科的知识与能力（66.7%） ●宏观把握研究领域的能力（70.4%）

由表4-1发现，"掌握学科知识的能力"主要涵盖4个方面的具体要求，其中"学科知识理论"达到了非常认同的程度（频次统计区段在81%~100%），"宏观把握研究领域的能力"和"跨学科的知识与能力"达到了很认同的程度（频次统计区段在61%~80%）。正如有的访谈对象所谈到的：

我认为，工科领域的博士生还是要加强基础训练的。就基础理论这一块来说，也是要求很高的。如果谈到工科领域博士生的潜力的话，那么，我觉得，第一个潜力就是他的知识背景。(S10)

知识呢？我觉得还是很重要的。但是，这个知识我感觉并不是一种死记硬背的知识。(S6)

我现在就有这么一个项目，是跟一个高校的博士生导师团队合作的，他手底下有几个博士生，那么他们的这个知识体系，在他们的这个科研体系里面，是有我企业需要的价值的。(E12)

理论知识就是博士生的强项，这是毋庸置疑的。(E8)

可见，"掌握学科知识的能力"是站在学历阶梯最高处的博士生所独具的优势之一。无论是学术界还是工业界，都看重工科领域学术型博士生对高深知识的驾驭、对所在领域的理解、对知识跨界的把握。从某种程度上说，"掌握学科知识的能力"是博士毕业生在学术界或工业界获得雇佣的核心价值所在，也是两大群体就工科领域学术型博士生培养目标的要素构成达成共识的方向之一。

二、迁移能力

在《现代汉语词典》中，"迁移"是指"离开原来的所在地而另换地点"。在心理学中,"迁移"是指一种学习对另一种学习的影响,即在一种情境中获得的知识、技能,形成的情感、态度、价值观对另一种情境中获得的知识、技能、形成的情感、态度、价值观的影响。可见,"迁移"的最终目的是运用在一个领域活动中获得的知识和技能,去解决另一个相似、相近、相通、相连领域活动中的问题;一个领域活动中获得的情感、态度、价值观对另一个领域活动中形成的情感、态度、价值观产生影响。① 事实上,"迁移"既包括知识的迁移、技能的迁移、思维方法的迁移、原理的迁移,也包括情感、态度、价值观等各个方面的迁移。② 联合国教育、科学及文化组织将"迁移能力"定义为一种运用于工作并维持一个人的工作状态的必备能力,其中包括有效交流观点和传递信息的能力、分析问题并选择适当解决方法的能力、与他人合作的能力、领导能力、理解自身与他人关系及周围环境的能力、捕捉新观点与尝试新方法的能力等。事实表明,迁移能力就是人们常说的"闻一以知十""由此及彼""触类旁通"的能力。本书认为,在博士生教育实践中,"迁移能力"是指博士生在一个领域所获得的知识与经验反射到另一个领域中并产生影响的能力。

本书将通过知识整合对新的知识经验与认知结构产生相应影响的"知识迁移能力",与通过学术研究对相关工业领域中的问题或观点产生影响的"学术向工程转变的能力"进行聚焦,获得理论编码"迁移能力"。该目标要素在工业界相关人士群体的频次统计中排名第1,高达90.4%,且与在该群体中排名第2的"掌握学科知识的能力"的频次统计(57.7%)之间相距较大,可见,工业界相关人士群体对工科领域学术型博士生的"迁移能力"相当认同。另外,该目标要素在博士生导师群体的频次统计(14.3%)中排名第10(与第11并列),与工业界相关人士群体的频次统计相比,在所有目标要素中差异最为显著(频次统计相差76.1%)。"迁移能力"在我国研究型大学工科领域学术型博士生培养目标的构建中处于一般认同的地位(综合频次统计50.9%)。该目标要素的内容构成详见表4-2。

---

① ROBINSON N, VICKERS S. Monitoring and Assessing Transferable Skills: Integration of Transferable Skills in TVET Curriculum, Teaching-Learning and Assessment [C]. Bangkok: VTCTUK, 2014: 13-14.

② 季海涛,凌和军. 学习迁移能力研究综述 [J]. 扬州大学学报(高教研究版), 2013, 17 (S1): 3-6.

表 4-2 "迁移能力"的目标内涵

理论编码	聚焦编码	初始编码（综合频次统计）
迁移能力	知识迁移能力	●融会贯通的能力/知识的整合（44.4%）
	学术向工程转变的能力	●了解相关工业领域的能力（55.6%） ●具备工程意识的能力（48.1%） ●保持工程与学术互动的能力（55.6%）

由表 4-2 发现，"迁移能力"主要涵盖 4 个方面的具体要求，且均达到一般认同的程度（频次统计区段在 41%~60%）。此处，"迁移能力"主要指向的是博士生从"学术研究"向"工程项目实施"转变的能力，也就是理论与实践相结合的能力。正如有的访谈对象所谈到的：

把理论上最新的一些成果，跟实际所需要解决的一些问题之间建立一个桥梁，是这些工科博士的价值和作用。(E5)

我们培养的博士，应在这个工程和科学之间呢，保持非常好的适应性。我们不是纯工程，也不是纯科学。(S3)

虽然两大群体对"迁移能力"都有所提及，但其认同程度却差异很大。工科领域本身就是一个多学科汇集的领域，学术研究的日益发展使学科之间的边界变得愈发模糊，特别是研究型大学，越来越多地与外部世界，如工业界保持着密切的互动。虽然博士生导师群体希望工科领域学术型博士生能在接受学术训练的同时，了解并理解与研究领域相关的工业界，但这种产学研之间的互动以使工科领域学术型博士生获得全方位成长的目标诉求，在工业界相关人士群体中却变得特别强烈。事实上，这种对"迁移能力"的认同产生很大差异的背后原因，可能在于学术界更易于在大学中保持专业的稳定性，而企业的需求往往与高校的专业设置不能完全对应，从而产生更多学科跨界的多元化需求。另外，该目标要素获得实现后所产生的利益驱动带来两大群体的观点分歧。显然，工科领域学术型博士生的"迁移能力"更多地有利于企业雇主获得更大的人力资本。因此，从某种程度上说，"迁移能力"是缓和学术界与工业界之间就工科领域学术型博士生培养目标的要素构成产生分歧的关键点。

三、沟通与交流的能力

本书将通过信息共享与互换的"交流能力"，与和他人进行有效信息沟通的"沟通能力"进行聚焦，获得理论编码"沟通与交流的能力"。该目标要素在博士生导师群体的频次统计（38.1%）中排名第3，在工业界相关人士群体的频次统计（43.6%）中排名第6；将两大群体的频次统计进行比较，差异不大（频次统计差异5.5%）。"沟通与交流的能力"在我国研究型大学工科领域学术型博士生培养目标的构建中处于一般认同的地位（综合频次统计40.7%）。该目标要素的内容构成详见表4-3。

表4-3 "沟通与交流的能力"的目标内涵

理论编码	聚焦编码	初始编码（综合频次统计）
沟通与交流的能力	交流能力	● 文化交流能力（7.4%） ● 国际交流能力（33.3%）
	沟通能力	● 有效沟通的能力（81.5%）

由表4-3发现，"沟通与交流的能力"主要涵盖3个方面的具体要求，其中"有效沟通的能力"达到非常认同的程度（频次统计区段在81%~100%）。正如有的访谈对象所谈到的：

因为我们这个学科是一个交叉学科，需要博士生能与不同背景的人去沟通，在这里，非常强调协作、交流、沟通的这种能力。要想做一个成功学者，你必须有非常好的沟通能力，而且不比外面的任何人差，否则的话，你也是做不好的，在这里面，学术也是一个圈子。我希望我们的博士生，能够自己愿意去沟通，善于沟通，而不是等着我去安排！(S3)

很多博士生都不想花时间跟别人沟通交流，但有的时候，人与人之间的沟通交流是必不可少的，也就是说，你想做一个独立贡献者固然是没有问题，但是，现在你要做的是一个大系统，尤其是你要带领一个队伍去做的话，你这个沟通协调的能力是必须要有的，所以从这个角度来讲呢，我们是要特别看看的，这些博士生的沟通交流能力是不是强。(E3)

可见，两大群体都比较认同工科领域学术型博士生的"沟通与交流的能力"，都希望他们能善于与不同文化或学术背景的人打交道。在这一方面，既包含"沟通与交流的能力"的外在技巧，又包含内在动因。因为，两大群体都看到"沟通与交流的能力"的目标实现，可使工科领域学术型博士生的专业知识及专业技能得到更充分的发挥，从而更有利于他们的学术推进和职业发展。

四、创新能力

本书将能够在各种实践活动领域中不断提供具有价值的新思想、新理论、新方法和新发明的"学术创新能力""思维创新能力"和"企业创新能力"进行聚焦,获得理论编码"创新能力"。该目标要素在博士生导师群体的频次统计(18.6%)中排名第 7,在工业界相关人士群体的频次统计(56.9%)中排名第 3;将两大群体的频次统计进行比较,差异较大(频次统计差异 38.3%)。"创新能力"在我国研究型大学工科领域学术型博士生培养目标的构建中处于不太认同的地位(综合频次统计 37.0%),但其认同程度是由学术界拉低的,而非工业界。该目标要素的内容构成具体详见表 4-4。

表 4-4　"创新能力"的目标内涵

理论编码	聚焦编码	初始编码(综合频次统计)
创新能力	学术创新能力	●科研创新能力(74.1%)
	思维创新能力	●思维创新的能力(40.7%)
	企业创新能力	●寻求企业创新增长点的能力(14.8%) ●为产品创造新价值的能力(22.2%) ●技术创新能力(33.3%)

由表 4-4 发现,"创新能力"主要涵盖 5 个方面的具体要求,其中"科研创新能力"达到很认同的程度(频次统计区段在 61%~80%),"思维创新的能力"达到一般认同的程度(频次统计区段在 41%~60%)。正如有的访谈对象所谈到的:

这个所谓的创新能力,我个人认为,就是个社会问题,也就是说,是对创新的理解、对创新的支持、对创新的宽容的问题。那么,在我们的大学里,我们做的工作就是创新,我们的博士就是干这个活儿的,我们是专业干这个的,所以不存在对创新不重视,或者不理解的问题。(S14)

另外,"技术创新能力""为产品创造新价值的能力"和"寻求企业创新增长点的能力"在工业界相关人士群体中的频次统计分别为 69.2%、46.2% 和 30.8%,但由于这 3 个目标要素并未受到博士生导师群体的相应关注,因此,综合之后的认同程度被拉低了。正如有的访谈对象所谈到的:

在我们这个行业里,很多都是要有突破性研究的一些东西,所以我们招的都是硕士生以上的研发人员。(E4)

在我们要做很多新的技术开发的时候,必须用到博士生,因为他们对技

术有深入的了解,能够知其然,还要知其所以然。(E6)

另外,企业对博士生的"创新能力"还有更特别的要求。也就是说,学术界所要求的创新是一种"大创新",即推动科学的发展、研究的进步,为人类的知识殿堂做出贡献;而工业界所要求的创新是一种"小创新",即技术突破、工艺改进、产品更新等。后者对于提升企业核心竞争力、国家综合实力和人类生活水平来说,是非常重要的。因此,两大群体对"创新能力"有着不同的解读和不同的关注度。正如有的访谈对象所谈到的:

在学术界,可能会更注重于一个理论上的研究,一个方法上的可行性分析;而在工业界,相当于我们已经知道了一个比较明确的方法,但是它最主要的问题是在细节上,也就是说,我们要解决到一个工程上的问题,要把它作为一个产品化的问题来对待。(E11)

一般来说,"创新能力"是指在技术和各种实践活动领域中不断提供具有经济价值、社会价值、生态价值的新思想、新理论、新方法和新发明的能力。① 然而,在本书中,"创新能力"是指工科领域学术型博士生在思维和实践中产生新观点、新方法、新技术和新成果的能力。由访谈可知,在博士生导师看来,学术训练过程中对工科领域学术型博士生"创新能力"的培养,是很难衡量的;不过,在工业界相关人士看来,工科领域学术型博士生对高深知识与方法的掌握及其所具备的研究能力,是他们获得雇佣的核心价值所在,而知识方法与研究能力的有机结合主要依靠的就是工科领域学术型博士生所能迸发出的"创新能力",而这种"创新能力"正是企业创造价值并得以生存的根本所在。

五、表达能力

本书将能够运用口语或文字根据不同的环境选择适当的表达形式,并通过综合的语言知识进行得体交际的"书面表达能力""提高表达效用的能力"以及"综合语用能力"进行聚焦,获得理论编码"表达能力"。该目标要素在博士生导师群体的频次统计(47.6%)中排名第2,在工业界相关人士群体的频次统计(23.9%)中排名第10;将两大群体的频次统计进行比较,差异较大(频次统计差异23.7%)。"表达能力"在我国研究型大学工科领域学术型博士生培养目标的构建中处于不太认同的地位(综合频次统计36.2%),但其认同程度是由工业界拉低的,而非学术界。该目标要素的内容构成详见表4-5。

---

① 鲍晓萍,徐国辉. 高校学生创新意识、创业精神及创新创业能力的培养:评《大学生创新创业教育基础与能力训练》[J]. 教育理论与实践,2018,38(23):65.

表4-5 "表达能力"的目标内涵

理论编码	聚焦编码	初始编码（综合频次统计）
表达能力	书面表达能力	● 准备项目申请书的能力（18.5%） ● 学术论文写作能力（29.6%）
	提高表达效用的能力	● 有效表达的能力（66.7%） ● 选择适当表达形式的能力（11.1%）
	综合语用能力	● 准确表述观点的能力（88.9%） ● 语言能力（29.6%） ● 运用图表能力（7.4%） ● 完整呈现研究过程的能力（37.0%） ● 确切表述问题的能力（37.0%）

由表4-5发现，"表达能力"主要涵盖9个方面的具体要求，其中"准确表述观点的能力"达到非常认同的程度（频次统计区段在81%~100%），"有效表达的能力"达到很认同的程度（频次统计区段在61%~80%）。正如有的访谈对象所谈到的：

博士生要知道怎么样去说他的故事，虽然说的东西是一样的，但是，这个也是一种能力啊。也就是说，你要把自己最亮点的、最核心的，针对解决这个问题的最核心的东西，你要把它讲出来。博士生的英语表达很重要，这个很显然，对他今后开展独立的科研将有很大的帮助、促进。（S2）

我觉得，如果一个博士生，他只埋头在那个地方做自己的事情的话，当然啦，博士生也确实需要埋头在那做自己的事情，但是，如果只知道做这样一件事情的话，这个反而不是一个很好的博士生，反而是要能够出去跟人交流，然后能够表达自己的想法，能够聆听别人的想法，然后再从中去产生一些创新性的想法，这才是最重要的。我觉得，起码我看中的是工科领域博士生的一个交流和表达的能力，这个是很重要的。（S10）

另外，"学术论文写作能力""准备项目申请书的能力""选择适当表达形式的能力"和"运用图表能力"等在博士生导师群体中的频次统计分别为57.1%、35.7%、21.4%和14.3%，但由于这4个目标要素并未受到工业界相关人士群体的关注，故而综合之后的重要程度被拉低了。正如有的访谈对象所谈到的：

在承接工程项目之前，工科领域博士生首先需要把问题讲清楚，这是很重要的。（E7）

可见,"表达能力"是需要工科领域学术型博士生不仅能表达出自己的思想、观点、意图等,而且要在充分考虑表达效果的基础上选择适当的表达形式,其中包括语言、文字、图形、表情和动作等,要通过表达使他人能更容易地理解,达到说服的目的。事实上,"表达能力"和"沟通与交流的能力"有着紧密的联系,但在这里"表达能力"更多地指向单向交流,而"沟通与交流的能力"更多地指向双向交流。如前所述,"沟通与交流的能力"在两大群体中所获得的关注度较高,也较为一致,但"表达能力"在工业界相关人士群体中的关注度较低,可见,由于学术界与工业界外部环境的迥异,使工业界比学术界更看重双向交流,因此,相对"表达能力"来说,更关注的是"沟通与交流的能力"。

六、学习能力

本书将能抽取、转换和重组各类信息源知识的"获取知识的能力",与对既有知识进行加工、整理和反思的"更新知识的能力"进行聚焦,获得理论编码"学习能力"。该目标要素在博士生导师群体的频次统计(17.9%)中排名第8,在工业界相关人士群体的频次统计(48.7%)中排名第5;将两大群体的频次统计进行比较,差异较大(频次统计差异30.8%)。"学习能力"在我国研究型大学工科领域学术型博士生培养目标的构建中处于不太认同的地位(综合频次统计32.7%)。该目标要素的内容构成详见表4-6。

表4-6 "学习能力"的目标内涵

理论编码	聚焦编码	初始编码(综合频次统计)
学习能力	获取知识的能力	●认识并理解自身工作的能力(37.0%) ●认识并理解不同文化的能力(44.4%) ●获取国际资源的能力(7.4%)
	更新知识的能力	●自我修正的能力(11.1%) ●终生学习的能力(59.3%) ●快速学习的能力(37.0%)

由表4-6发现,"学习能力"主要涵盖6个方面的具体要求,其中"终生学习的能力"以及"认识并理解不同文化的能力"达到了一般认同的程度(频次区段在41%~60%)。正如有的访谈对象所谈到的:

博士生应该能够成为一名快速的学习者，也就是说，这个领域可能是你不那么熟悉的，但是作为一名博士生，特别是工科领域博士生，你应该能够在最短的时间内成为专家，这样的能力是很要紧的。(S1)

博士生在进入这个学术门槛时，大家也差不了多少，但对于博士生导师来说，他们最终看中的还是博士生的那种学习能力，也就是说，扔给你一个新的东西，看你能不能迅速地掌握。(S9)

博士生应该能够很快地适应这种身份的转换（从学校到企业），这主要得益于他们很强的学习能力，可能之前他们就有比较深入的对于某些工程实践问题的研究，那么这种研究方法其实是共通的。(E9)

对于企业里的博士，我们必须要求他们要不断地学习，所以，博士生的这种终生学习的能力是必不可少的。(E12)

对于工业企业来说，博士和硕士实际上在整个起步的过程中是没有区别的，说实话，真的是没有区别。然后再看3年之后，也许这个博士生还没有那个硕士生发展得更好，所以，我认为，这就要看每个人的那种学习能力了。(E1)

工业界与学术界职场环境的不同特性，使工业界相关人士比博士生导师群体更看重工科领域学术型博士生的"学习能力"。事实上，在更复杂多元且师生关系弱化的工业企业中，培养工科领域学术型博士生具备"学习能力"是帮助其更好地适应从学术界向工业界过渡、转换的最佳手段之一。从某种程度上说，"学习能力"的目标诉求可缓和学术界与工业界就工科领域学术型博士生培养目标的要素构成所产生的分歧，弥补"迁移能力"在两大群体之间的认同差异。另外，对博士生"学习能力"的培养还必须注重这种能力的持久性、独立性和应激性。

七、团队能力

本书将能通过整合与平衡团队构架及其功能，协同合作完成既定目标的"组建团队能力"和"协同合作能力"进行聚焦，获得理论编码"团队能力"。该目标要素在博士生导师群体的频次统计（14.3%）中排名第11（与第10并列），在工业界相关人士群体的频次统计（51.3%）中排名第4；将两大群体的频次统计进行比较，差异较大（频次统计差异37.0%）。"团队能力"在我国研究型大学工科领域学术型博士生培养目标的构建中处于不太认同的地位（综合频次统计32.1%）。该目标要素的内容构成详见表4-7。

表4-7 "团队能力"的目标内涵

理论编码	聚焦编码	初始编码（综合频次统计）
团队能力	组建团队能力	●组建技术团队的能力（3.7%）
	协同合作能力	●组织协调能力（25.9%） ●团队合作能力（66.7%）

由表4-7发现，"团队能力"主要涵盖3个方面的具体要求，其中"团队合作能力"达到很认同的程度（频次统计区段在61%~80%）。另外"组织协调能力"和"组建技术团队的能力"在工业界相关人士群体中的频次统计分别为53.8%和7.7%，但由于这2个目标要素并未受到博士生导师群体的关注，因此，综合之后的重要程度被拉低了。正如有的访谈对象所谈到的：

实验室里有那么多人，一个项目，一个团队工作，如果你不会跟别人相处，没有团队合作，或者容易发脾气，等等，这都是很难能让你获得成功的。(S4)

说到团队合作，当然是非常重要的，因为整个一个卫星工程，它不是一个人就能够完成的，它一定是一个团队合作的结果。(E2)

我们需要由博士生来带领团队，作为一个小技术团队的骨干人才，他是整个技术团队的核心人物。另外，我们还需要博士生能够组建一个技术团队，完成一个较为复杂的、需要那种系统性的工程项目，解决项目中方方面面的问题，而不是单打独斗的个人能力。(E13)

可见，"团队能力"除团队合作之外，还强调团队的协调与组建能力。相对学术界来说，工业界更看重工科领域学术型博士生"团队能力"的全面发展，这也是由工程项目的庞杂性和系统性所决定的。事实上，"团队能力"不仅要求工科领域学术型博士生具备个人能力，而且更需要他们能在不同的位置上各尽所能、各司其职，与其他成员协调合作，使科研或工程项目的推进达到最大化。

八、思维能力

本书将通过综合思考达到系统化的"综合理解能力"，与通过论据证明或证实相关理论或观点的"论证分析能力"进行聚焦，获得理论编码"思维能力"。该目标要素在博士生导师群体的频次统计（30.0%）中排名第5，在工业界相关人士群体的频次统计（29.2%）中排名第8；将两大群体的频次统计进行比较，差异非常小（频次统计差异0.8%）。"思维能力"在我国研究型大学工科领域学术型博士生培养目标的构建中处于不太认同的地位（综合频次统计29.6%）。该目标要素的内容构成详见表4-8。

表4-8 "思维能力"的目标内涵

理论编码	聚焦编码	初始编码（综合频次统计）
思维能力	综合理解能力	• 系统思维能力（51.9%） • 逆向思维能力（7.4%） • 宏观与微观思维相结合的能力（11.1%）
	论证分析能力	• 批判性思维能力（25.9%） • 逻辑思维能力（51.9%）

由表4-8发现，"思维能力"主要涵盖5个方面的具体要求，其中"系统思维能力"和"逻辑思维能力"等达到了一般认同的程度（频次统计区段在41%~60%）。另外，"宏观与微观思维相结合的能力"和"逆向思维能力"在博士生导师群体中的频次统计分别为21.4%和14.3%，但这2个目标要素并未受到工业界相关人士群体的关注，因此，综合之后的认同程度被拉低了。正如有的访谈对象所谈到的：

总的归纳起来是两点，一是学术素养以及科研能力，二是会表达和会思想。这两点我觉得都是非常重要的。我们的工科博士生一天到晚埋头在实验室，抬头思考的时间太少了，实际上，我觉得这是一个问题，我们中国现在大量的博士生就是没有先思考，而是先去做实验，把科研简单等同于做实验或做数据分析。其实我认为科研的本质不是做实验，科研的本质是思想，实验只是实现思想的一个工具和手段而已。(S1)

我觉得工科领域博士生很重要的一个能力，就是要看这个博士生到底有没有自己的思想，就是你可以看出来的，有些博士生对他的方向很有见解，有些博士生就是他导师让他做什么他就做什么，那么这样的博士生，我们从一开始就不会要他。我觉得工科领域博士生首先要有自己的想法，这个想法一开始也许是错的，即使如此，但是之后，逐渐地才能有博士生自己的创新。(S12)

对我们用人单位来讲，招工科领域的博士毕业生，不光是看他发表的文章，还要看他的实际能力，要看他的工作思维和方法，要看他人与人之间的沟通和表达。很多时候，用人单位要求工科领域博士生敢于有创新性、突破性的思维，在这种时候，如果还只是墨守成规，老师让干什么咱们干什么，外头有什么咱们做什么，这种工科领域博士生肯定是不合适的。(E10)

可见，在博士生导师看来，工科领域学术型博士生的"思维能力"是开展科学研究、发挥创新作用的立足之本。相较而言，工业界所应对的都是大型工程，如航空发动机、医疗器械等，故而工业企业大多是以团队合作的形式进行技术攻关或研发，他们也需要创新的想法和头脑风暴，因此，在"思维能力"方面，两大群体对博士生所提出的目标要求达到了较为一致的共识。

九、研究能力

本书将贯穿整体研究过程中各环节的"发现研究问题的能力""分析研究问题的能力"和"解决研究问题的能力"，以及与此密切相关的"实验能力"和"文献调研的能力"进行聚焦，获得理论编码"研究能力"。该目标要素在博士生导师群体的频次统计（37.2%）中排名第4，在工业界相关人士群体的频次统计（14.8%）中排名第11；将两大群体的频次统计进行比较，差异较大（频次统计差异22.4%）。"研究能力"在我国研究型大学工科领域学术型博士生培养目标的构建中处于不太认同的地位（综合频次统计26.5%），该目标要素的内容构成详见表4-9。

表4-9 "研究能力"的目标内涵

理论编码	聚焦编码	初始编码（综合频次统计）
研究能力	发现研究问题的能力	• 选择研究问题的能力（18.5%） • 设计研究问题的能力（11.1%） • 明确研究问题的能力（51.9%）
	分析研究问题的能力	• 明确研究目标的能力（37.0%） • 明确学术概念的能力（11.1%） • 明确研究假设的能力（7.4%） • 明确研究意义的能力（22.2%） • 设计系统性研究方案/技术方案的能力（44.4%） • 合理分析数据的能力（25.9%） • 提出质疑或建议的能力（37.0%） • 接受并处理意外研究结果的能力（7.4%）

续上表

理论编码	聚焦编码	初始编码（综合频次统计）
研究能力	解决研究问题的能力	• 掌握开展科研工作的基本规范（11.1%） • 整体把握研究过程的能力（55.6%） • 关注学术研究细节的能力（22.2%） • 优化研究过程的能力（18.5%） • 明确研究方法的能力（66.7%） • 比较分析研究方法的能力（22.2%） • 创新研究方法的能力（11.1%）
	文献调研的能力	• 总结归纳文献观点的能力（70.4%） • 结合文献与研究问题的能力（51.9%）
	实验能力	• 明确实验目的的能力（18.5%） • 设计实验的能力（22.2%） • 开展实验的能力（44.4%） • 分析实验结果的能力（18.5%） • 配备实验设备的能力（11.1%） • 充分有效使用实验设备的能力（11.1%） • 改造实验设备的能力（3.7%） • 具备实验伦理意识（7.4%）

由表4-9发现，"研究能力"主要涵盖28个方面的具体要求，其中"总结归纳文献观点的能力"和"明确研究方法的能力"等达到很认同的程度（频次统计区段在61%~80%），"结合文献与研究问题的能力""整体把握研究过程的能力""明确研究问题的能力""开展实验的能力"和"设计系统性研究方案/技术方案的能力"等达到一般认同的程度（频次统计区段在41%~60%）。在"研究能力"中有15个方面的具体目标要求并未受到工业界相关人士群体的关注，因此，综合之后的认同程度被拉低了。正如有的访谈对象所谈到的：

工科领域博士生的沟通能力、情商，这些都很重要，但是它们就算再重要，也没有博士生做研究的能力重要啊，我认为博士生的研究能力是这些能力中间最重要的，如果这里有个加号，这个研究能力就是加号前面的这个1，其他那些能力就是后面的那个0，越多越好，但是你这个研究能力都没有了，你说这个博士生只会说、只会写啥的，那都是虚的嘛，那就忽悠人了嘛。(S4)

航空发动机这本身就是一个比较复杂的、高科技的一个系统工程。那么从这个角度上来讲,我们确实希望有很多这种在教育背景中各方面研究能力都比较强的企业员工。因为有很多研究性的工作都是探索性的、预言性的,在这块儿,我们需要研究能力非常强的技术支持,所以这块儿的博士生比例就特别高。(E7)

工科领域博士生在理论研究和突破上面是比较强的,我们确实还需要有一帮这样的人才。说到底,企业的研究工作跟学校的科研还是有差别的。我们现在经常讲,我们跟学校老师搞合作或者什么,学校教授都是 academic,但是我们的工作是 engineering,是吧?engineering 还是偏向于解决实际问题的,以工程为主,但是在解决实际问题或工程问题的过程里面,企业对此是有明确的目标要求和时限要求的工作,也就是说,都是有计划、有目标结果要求的,不是学校里的 academic 一个大的方向,然后走到哪算哪,走到有一点进步就算 OK。在企业里,所有的目标制定都是有预期的,那么制定的这个目标,且不说它合不合理,但是这个目标一旦制定出来,这种压力下开展的工作,跟很自由的学术研究还是不太一样的。(E3)

我们企业在日常的这个业务链里头,在整个价值链模型里,其实有没有博士生并没有太大的关系,因为它都是一个,就是说,共同合作然后去累积,就是把能力都累积在组织上。但是在研发这个点上,其实像我们这种企业就是在研发的点上特别需要博士生的介入。(E12)

可见,"研究能力"不仅表现为科研能力,更多地是指工科领域学术型博士生独立发现、分析和解决问题的能力。同时在此过程中能有序地完成既定任务,合理地预判可能出现的意外状况;并在遵守研究规范的基础上能不断调整和优化研究过程。从研究问题的确定、研究方法的选择、研究假设的推出、研究方案的制定、研究过程的实施、研究规范的把握以及意外问题的处理等,博士生导师群体对工科领域学术型博士生"研究能力"的界定涵盖整个学术训练的过程,且"研究能力"也成为其就职于学术界安身立命的核心能力。不过,工业界雇佣工科领域学术型博士毕业生的主要目的在于开发、利用和投资博士生的"研究能力",但他们所关注的"研究能力"与学术界所界定的并未完全重合,甚至可以说,分歧是比较大的,故而学术界所界定的"研究能力"在工业界并未获得较大的认同,使工业界不得不通过对"迁移能力"的加强关注而获得更适应工业界发展的博士人才。

十、企业胜任力

美国哈佛大学教授、社会心理学家戴维·麦克利兰(David C. McClelland)于 1973 年正式提出"胜任力"概念,即指能将某一工作中有卓越成就者与普通者区分开来的个体的深层次特征,包括动机、特质、自我形象、态度或价值观、某领域知识、认知或行为技能等任何可被可靠测量或计数的，并能显著区分优秀与一般绩效的个体特征。[①] 本书中的"企业胜任力"借用上述概念，是指工科领域学术型博士毕业生能足以承受和担任工业企业中工作岗位的综合特征。

本书将就职于工业企业岗位并胜任相关工作的"技术能力""企业综合管理能力"以及"工程能力"等进行聚焦，获得理论编码"企业胜任力"。该目标要素在博士生导师群体的频次统计（8.8%）中排名第12，在工业界相关人士群体的频次统计（41.2%）中排名第7；将两大群体的频次统计进行比较，差异较大（频次统计差异32.4%）。"企业胜任力"在我国研究型大学工科领域学术型博士生培养目标的构建中处于不太认同的地位（综合频次统计24.4%）。该目标要素的内容构成详见表4-10。

表4-10 "企业胜任力"的目标内涵

理论编码	聚焦编码	初始编码（综合频次统计）
企业胜任力	企业综合管理能力	● 职业规划能力（66.7%） ● 适应企业管理要求的能力（14.8%） ● 时间管理能力/时间观念（22.2%） ● 企业研究项目管理能力（22.2%） ● 明确企业预期目标的能力（11.1%） ● 考虑企业实际需求的能力（25.9%） ● 合理判断企业发展方向的能力（11.1%） ● 规划企业发展的能力（22.2%） ● 把握工作标准和规范的能力（7.4%）
	技术能力	● 细化技术方法的能力（7.4%） ● 推动技术发展的能力（22.2%） ● 把关技术问题的能力（11.1%）
	工程能力	● 优化工艺流程的能力（25.9%） ● 工程质量管控能力（3.7%） ● 工程实践能力（85.2%） ● 工程成本控制能力（25.9%） ● 承接工程项目的能力（29.6%）

---

① HILAIRE ST, GILBERT M H, LEFEBVRE R. Managerial Practices to Reduce Psychosocial Risk Exposure: A Competency - Based Approach [J]. Canadian Journal of Administrative Sciences, 2018, 35 (4): 535-550.

由表4-10发现,"企业胜任力"主要涵盖17个方面的具体目标要求,其中"工程实践能力"达到非常认同的程度(频次统计区段在81%~100%),"职业规划能力"达到很认同的程度(频次统计区段在61%~80%)。在"企业胜任力"中仅有4个方面的具体要求为两大群体共同关注,因此,综合之后的认同程度被拉低了很多。正如有的访谈对象所谈到的:

所谓工程能力,讲白了就是老专家们经常说的:"你是博士生,可是工程上的你不懂啊。"具体可能会涉及什么工程上的一些取舍啊,工程的目标啊什么的,都不一样,办事的套路可能也不太一样。(E4)

博士生呢,也招了不少,最近几年更多,但是这个话说回来啊,博士生招来以后啊,有的不太好用。一个就是,他偏理论,他就是转不到这个工程上面来,他就是会算,算东西算得很厉害,比如说编软件他编得很厉害,但让他变为学术带头人,或者是在这个技术创新方面,或者是整个一个技术发展过程当中,他起的推动作用,就非常欠缺了。(E9)

我觉得在培养工科博士的时候,现在这种写论文啊什么的,都是比较学术的。这种呢,可能我觉得它是以理科博士的教育方式在培养工科博士。工科博士其实真正进入到工程实践场景的时候,实际上是工作节奏蛮快的。现在学校里有些老师跟企业合作得比较多,按照企业的模式来管理学生,那他们那些博士生出去后,普遍的适应性就比较好。(E13)

从公司的角度来讲,不是说你这个人的综合素质、能力、独立性强不强,能不能做课题研究等等,不光是这样。有一个前提是,你要在结合公司的业务和要求,在这种环境和氛围下,在这些相关的规定流程范围内去工作,所以你就要熟悉公司的业务流程,以及做这个工作中可能会涉及相关的一些其他的标准规范等等,这我说的主要都是研发的。那么这个过程,他不是一来就能了解的,这个对企业来说,其实花费成本是比较高的。(E7)

有些工科领域博士生的适应程度与我们公司这种文化制度不匹配,那即便他是博士,他也会承受很大的压力。有的在这种压力情况下,他就没办法进入到一个良性循环的状态,因此,就导致你的所有的动作都变了形。各种各样的因素都有,包括你不能空杯心态啦,包括你不能这个扎扎实实、一点一点地做啦,眼高手低啦之类的。那你这种心理状态怎么能够扭转,我觉得这个可能是对于工科领域博士毕业生比较大的挑战。(E1)

可见,学术界与工业界之间存在一个很大的差别,即工业企业不得不受限于现实中的诸多条件,必须要在成本和利益之间计算与衡量;企业内部的任何决策都必须与外部的市场及其需求挂钩，必须能为客户实实在在地解决实际问题。因此，对于工业企业来说，每雇佣一位博士就必须要充分实现该博士所能带来的价值最大化；每一位博士就代表一个研究方向，而该博士就是所在方向的研发带头人，可见，工业企业所雇佣的博士不仅是技术方面的骨干力量，更是独当一面的团队领导。事实上，工业界的现实情境更多面、更复杂、更趋效逐利；在考虑成本的情况下，对雇佣博士的"企业胜任力"要求就更高，故而在博士生培养目标构建中也提出更新的能力要求。相较而言，工科领域学术型博士生是在学术训练的环境中培养起来的，不管实验模拟现实的程度有多高，实验毕竟不是发生在现实情境中，其现实有效性、可操作性和可重复性总是有限的。对工业企业来说，工程经验及由此积累的工程思维是非常重要的能力目标要求。工科领域学术型博士生的"工程能力"和"技术能力"都可大大增加他们的"企业胜任力"，使其成为帮助他们更好地适应工业界职场环境的有力武器。

十一、软实力

美国哈佛大学教授约瑟夫·奈（Joseph S. Nye Jr）提出了"硬实力与软实力"的概念，所谓"硬实力"是一种以客观的事物及其数量形态存在的物质性力量；而"软实力"是一种与竞争主体的内在精神特质相联系的精神性力量。[①] 将此概念借用到表现个体能力要求的博士生培养目标时，"硬实力"是指个体所具备的某种知识、技能或方法；"软实力"是指个体所具备的某种思维、素养或导向。[②]

这里理论编码"软实力"借用的正是上述概念。该目标要素在博士生导师群体的频次统计（17.6%）中排名第9，在工业界相关人士群体的频次统计（28.1%）中排名也是第9；将两大群体的频次统计进行比较，差异较小（频次统计差异10.5%）。"软实力"在我国研究型大学工科领域学术型博士生培养目标的构建中处于不太认同的地位（综合频次统计22.6%）。该目标要素的内容构成详见表4-11。

[①] 陈书云. 大学生软实力问题研究［D］. 武汉：武汉轻工大学，2014：27.
[②] 李健，洪成文. 中国高等教育软实力的内涵及建设路径［J］. 大学教育科学，2018（5）：16-20，124.

表4-11 "软实力"的目标内涵

理论编码	聚焦编码	初始编码（综合频次统计）
软实力	主动精神	• 主动开展学术研究的能力（29.6%） • 主动表达的能力（29.6%） • 善于思考的能力（63.0%） • 具备积极向上的精神（14.8%）
	独立精神	• 独立学习的能力（11.1%） • 独立思考的能力（18.5%） • 独立开展学术研究的能力（55.6%）
	适应能力	• 应对挫折的能力（7.4%） • 调解压力的能力（7.4%） • 具备可塑性（3.7%）
	科学素养	• 具备自由探索的精神（3.7%） • 具备专注精神（22.2%） • 具备科学敏感性（22.2%） • 具备开放性思维（3.7%） • 具备好奇心（25.9%）
	职业素养	• 社会交往能力（37.0%） • 能够听取别人见解的能力（22.2%） • 具备执行力（7.4%） • 具备责任感（3.7%） • 具备未来视野（7.4%） • 具备人文素养（51.9%） • 具备情商（25.9%） • 具备领导力（40.7%） • 具备决断力（7.4%） • 具备脚踏实地的精神（33.3%） • 具备国际化视野（33.3%）

由表4-11发现，"软实力"主要涵盖26个方面的具体要求，其中"善于思考的能力"达到很认同的程度（频次统计区段在61%~80%），"具备人文素养""独立开展学术研究的能力"和"具备领导力"等达到一般认同的程度（频次统计区段在41%~60%）。在"软实力"中有15个方面的具

体目标要求为两大群体共同关注，故而综合之后的认同程度被拉低了。正如有的访谈对象所谈到的：

自由探索的精神，实际上是博士生教育中一个最本质的学术素养。(S11)

我觉得人文素养对工科领域的博士生来说，也是挺有用的，虽然它对科学研究本身不一定有实际意义上的作用，但是从陶冶一个人的这种意识啊，或者说，对这种事情的判断啊，还是挺有用的。它可以帮助你从一个独特的视角去看一个东西，而且这个宏观的东西、这种思路与方式在学术上也是挺贯通的，也是很有用的。(S9)

我们对博士生的独立自主的要求非常高，对于一个问题的那种深入剖析的能力要求也非常高。我们要求每个博士生都能独立地思考、能独立地提出课题。另外，我觉得比这个深度上还要更重要的一件事情是博士生要会统筹考虑，然后是对于整个逻辑的一种锻炼，或者说整个考虑问题的周密性，我觉得都会非常有帮助。(E8)

我们的行业必须是融入世界产业链的，所以国际化视野是我们给全体员工提出的命题。(E3)

可见，虽然"软实力"在两大群体中的关注度相当，但却各有侧重。学术界更看重工科领域学术型博士生的独立精神、自由探索的精神等；而工业界则更看重工科领域学术型博士生的国际视野、决断力和执行力等。不过，在好奇心、专注精神、脚踏实地的精神、主动精神、领导力和时间观念等方面，两大群体还是达成了较为一致的共识。需要强调的是，由于工业企业本身所具有的商业性特征，他们对所雇佣的工科领域学术型博士生"保持学术自由探索的精神"是不太支持的。在工业企业看来，这种自由探索的精神仅适于学术界的研究，而在工业界，经济上、时间上和人力上的成本无法容忍自由探索精神的存在。正如有的访谈对象所谈到的：

本质的差距是从一个比较轻松、比较随意的学术研究状态，过渡到有要求、有时间因素的企业研究状态，这是完全不同的。事实上，工业企业希望工科领域博士生具备适度的好奇心、责任心、自信心和自我意识。(E9)

直接从学校里到了公司之后，博士生就会把学校那种做课题的方式延续下来，但是工业企业是有需求的，不是说你想干啥就干啥，是有时间节点和成本要求的，而这些博士生都要转变身份去认真地思考。(E10)

可见，这样的一种"软实力"更适于工业企业的现实情境。毕竟工业企业生存于商业环境中，它不得不对企业核心竞争力的增强，企业产品或技术附加值的提升等予以格外的关注。

十二、教学与指导能力

本书将指点、引导相关个体的"指导能力",与能顺利开展教学活动的"教学能力"进行聚焦,获得理论编码"教学与指导能力"。该目标要素在博士生导师群体的频次统计(21.4%)中排名第6,在工业界相关人士群体的频次统计(0.0%)中排名第12;将两大群体的频次统计进行比较,差异较大(频次统计差异21.4%)。"教学与指导能力"在我国研究型大学工科领域学术型博士生培养目标的构建中处于很不认同的地位(综合频次统计11.1%),该目标要素的内容构成详见表4-12。

表4-12 "教学与指导能力"的目标内涵

理论编码	聚焦编码	初始编码(综合频次统计)
教学与指导能力	指导能力	●指导学生的能力(18.5%)
	教学能力	●把握教学法的能力(3.7%) ●课堂教学的能力(11.1%)

由表4-12发现,"教学与指导能力"主要涵盖3个方面的具体要求,但这3个目标要素并未受到工业界相关人士群体的关注,而主要是就职于学术界的博士所被期待的目标能力要求。

综上所述,以12个理论编码为构建我国研究型大学工科领域学术型博士生培养目标的框架体系,在详细阐释"掌握学科知识的能力""迁移能力""沟通与交流的能力""创新能力""表达能力""学习能力""团队能力""思维能力""研究能力""企业胜任力""软实力"和"教学与指导能力"等各维度的内在意义及其相互之间结构关系的基础上,本书已初步探明学术界与工业界对工科领域学术型博士生培养目标的基本期待,为后续我国研究型大学工科领域学术型博士生培养目标的初步构建做好准备。

第二节 目标构建原则

一、理论基础

自20世纪30年代以来,大量的研究者开始将注意力投向有关"目标"方面的研究。最初将不同类型的目标与任务绩效联系起来的学者是英国社会心理学家梅斯（C. A. Mace）。此后，美国马里兰大学管理学教授、心理学家洛克（Edwin A. Locke）在大量相关研究中发现，诸如奖励、反馈和监督等外来因素均可通过目标的设定影响人们的动机，也就是说，目标的设定能引导与目标有关的行为活动，人们往往根据实现目标难度的大小，调整其自身努力的程度，并逐渐形成持久性的行为。洛克于1967年首次提出目标设定理论，并认为目标设定本身具有认知性，人们的需求通过目标的设定转化为人们的动机，继而人们的行为朝着目标设定的方向努力，并将自身的行为结果与设定的目标进行对照比较，以及时修正和调整自身的努力行为，从而促成目标的实现。[1]

洛克目标设定理论的前提假设是，人类活动是有目的的，它受有意识的目标引导。个体工作表现之所以不同，是因其为自己设定了不同的成绩目标。[2] 可见，在洛克看来，"目的"和"目标"是处于2个不同层面的概念，即使人们持有相同的目的，但由于目标的不同最终还是会带来不同的绩效表现。因此，洛克进一步指出，目标通过4种机制来影响绩效，首先是目标吸引个体的注意力，使其行为朝向与目标相关的活动，即目标具有指引功能；其次是目标调节着个体的努力程度，目标的难度越大，个体付出的努力就越多，即目标具有动力功能；再次是在无时限的情况下，目标影响着个体对活动的坚持性，即目标具有坚持性的作用；最后是具体目标不仅可使个体在行动前就制定行动计划，且与反馈信息一起使个体在完成目标的过程中摒弃无效策略，提出新的、有效的策略，即目标需要知识与策略的应用。[3]

在目标设定过程中，洛克认为，高效率目标包括2个主要特征，即明确度和难度。目标越明确，人们对自身行为的认知就越清晰，目标本身所起到的激励作用就越强。也就是说，明确的目标可减少行为的盲目性，提高行为的自律性，在产生更高绩效水平的同时，加强行为评价的能力。另外，目标难度与绩效水平之间呈正向的线性函数关系，但以"承诺"为前提。[4] 换句话说，若实现目标的人具备足够能力并对目标持有高度承诺，那么，较为困难的目标可产生更高的绩效水平。故而"在个体能力的正常范围内，具体而

---

[1] WOOD R E, LOCKE E A. Goal Setting and Strategy Effects on Complex Tasks [J]. Research in Organizational Behavior, 1990: 416-425.

[2] 杨秀君. 目标设置理论研究综述 [J]. 心理科学, 2004 (1): 153-155.

[3] LOCKE E A, LATHAM G P. A Theory of Goal Setting & Task Performance [M]. Englewood Cliffs, NJ: Prentice Hall, 1990: 76-81.

[4] LATHAM G P, LOCKE E A, FASSINA N E. The High Performance Cycle: Standing the Test of Time [M]. Chichester, England: Wiley, 2002: 201-228.

有难度的目标更有助于提高工作绩效"[1]。洛克还认为，影响目标效应的因素很多，其中有5个方面是需要特别注意的：一是为目标所吸引，认为目标很重要，坚持不懈地努力实现目标的程度，即承诺；二是关于目标实现及是否存在修正和调整等情况，即反馈；三是在处理问题时的自信度，包括能力、经验、训练、过去的绩效和目标内容等，即自我效能感；四是在面对困难时所采用的有效解决方法，即任务策略；五是经过努力达成目标绩效后的心理感受，即满意感。[2]

洛克目标设定理论的现实意义在于，绩效环境是不断变化的，它的范围可以是体育运动方面的，可以是学术研究方面的，也可以是工作场所方面的，但其中目标设定的激励原理都是一样的。[3] 洛克目标设定理论的理论模型详见图4-1。

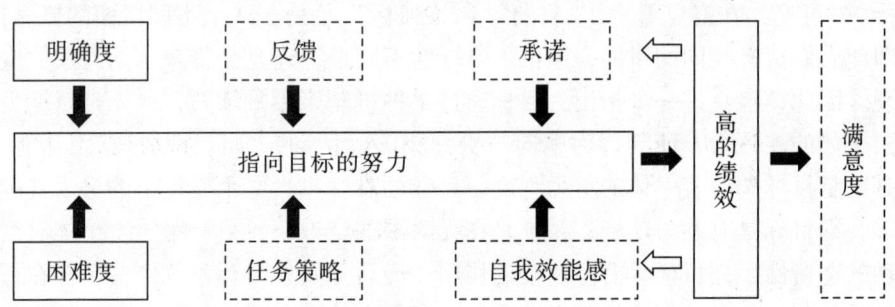

图4-1　洛克目标设定理论的理论模型[4]

自美国古典管理学家、"科学管理之父"泰勒（Frederick Winslow Taylor）开始，人们就逐渐认识到组织目标的重要性，后经法约尔（Henri Fayol）、芙丽特（Mary P. Follett）、麦克雷戈（Douglas M. Mc Gregor）、巴纳德（Chester I. Barnard）和德鲁克（Peter F. Drucker）等的持续努力，形成了目标管理的理论体系。1954年，德鲁克曾就目标管理这一概念做过精辟阐

---

[1]　李燕平，郭德俊. 目标理论述评［J］. 应用心理学，1999（2）：34-37.

[2]　WOOD R E, LOCKE E A. Goal Setting and Strategy Effects on Complex Tasks［J］. Research in Organizational Behavior, 1990（12）：73-109.

[3]　LOCKE E A, GARY L. Building a Practically Useful Theory of Goal Setting and Task Motivation［J］. American Psychologist, 2002, 57（9）：705-717.

[4]　克瑞尼. 管理学原理［M］. 姜思琪，吴茜，刘路娟，译. 11版. 北京：清华大学出版社，2012：17.

释:"所谓目标管理就是管理目标,也就是依据目标进行管理。"① 总的来说,目标管理理论的主旨意义包括4个方面:一是目标的总体设定具有导向性作用;二是目标需要层层分解,以明确各层级目标的责权利;三是通过实现目标的成果,评价完成目标时所做出的贡献的大小;四是注重目标的参与管理和实现目标的自我控制,激发目标实现过程中的积极性和创造性。德鲁克认为,目标管理是一种结果导向性管理,从结果出发反推出能达到结果的过程。也就是说,目标管理赋予了达到结果的手段的多样性。② 事实上,在后现代管理研究者看来,管理实践者与理论研究者越来越重视目标管理理论,将其看作是"社会—语言"构成的产物:"目标管理所强调的参与式管理和自我控制,打破了管理者垄断管理权力的格局。"③

目标设定理论和目标管理理论作为现代科学管理理论在各类企业中已获得广泛应用并取得显著实效。④ 它们将企业管理实践分解为目标制定、过程实施和结果考核等若干环节,并形成一个相对闭环的管理流程。事实表明,高校的人才培养目标也涉及过程实施;人才培养成果也面临社会检验与评价。因此,本书认为,上述两个理论对高校人才培养工作,特别是对工科领域学术型博士生培养的实践活动具有指导意义,本书以上述目标理论为工科领域学术型博士生培养目标设置的理论基础,形成目标构建的基本原则。

二、构建原则

根据目标设定和目标管理理论,结合工科领域学术型博士生教育的自身规律、访谈调查和现状分析的基本情况,本书认为,我国研究型大学工科领域学术型博士生培养目标的构建,应遵循以下四项主要原则。

其一,明确性。即工科领域学术型博士生培养目标的阐述要明确清晰,以使博士生导师、博士生、培养单位乃至用人单位,皆可由此明了博士生培养的基本方向。目标内容的阐述越清晰,激励效果就越明显,不仅可减少培养过程中行为的盲目性,而且更有益于工科领域学术型博士生培养目标的后期考核。

---

① PETER F D. The Practice of Management [M]. New York: Harper Business, 1954: 39.
② 杨宇. 德鲁克目标管理理论评述 [J]. 中国高新技术企业, 2010 (3): 88-89.
③ 罗珉. 目标管理的后现代管理思想解读 [J]. 外国经济与管理, 2009 (10): 1-7.
④ 郭必裕. 高校目标管理存在的问题及对策 [J]. 黑龙江高教研究, 2005 (1): 55-57.

其二，挑战性。即工科领域学术型博士生培养目标应保持适当的困难度，且不宜过高，亦不宜过低，以使博士生导师、博士生及培养单位等对完成培养目标能保持适当的紧张度，并为之付出努力。若困难度过高，则可能影响实现培养目标的信心；若困难度过低，则实现培养目标的动力可能不足。一般来说，博士生会根据实现目标的困难度调整自己的努力程度；而博士生培养单位也会相应地调整工科领域学术型博士生培养目标的设置。

其三，时效性。即工科领域学术型博士生培养目标的构建应放在一定的时间效度之内，以便更有利于工科领域学术型博士生对培养目标的坚持，且随着每个阶段培养目标时效的结束，博士生导师、博士生及培养单位等均可借此机会对整个工科领域学术型博士生培养目标及其实现过程进行及时总结与深刻反思。

其四，反馈性。即工科领域学术型博士生培养目标的构建应有相应的反馈环节，以便在培养目标实现的整个过程中，博士生导师、博士生及培养单位等能及时给出正反馈（激励）或负反馈（修正或调整），从而更好地掌控博士生的努力方向、行为和活动，加强工科领域学术型博士生培养目标实现的内控感。

第三节　初步构建的"目标要素清单"

通过上述以 12 个理论编码为逻辑主线所进行的目标要素意义阐释，在遵循工科领域学术型博士生培养目标构建的四项主要原则的基础上，本书初步形成了用以构建我国研究型大学工科领域学术型博士生培养目标的"目标要素清单"，其中包括 11 个大的目标要求方向，以及由此细化出的 60 个更具体、更明确、更具可考性的目标要求内容。

为能更好地认识、理解与运用初步构建的"目标要素清单"，按相同的频次区段划分（见表 3 - 4），根据学术界、工业界和两大群体整体的目标要素频次统计，本书计算了初步构建的"目标要素清单"中不同目标要求内容的认同度，即目标要求内容的频次统计在区段 81% 及以上、61% ~ 80%、41% ~ 60%、21% ~ 40% 和 20% 及以下的，分别属于"非常认同""很认同""一般认同""不太认同"和"很不认同"的程度。为便于更清晰地统计、比较与分析，本书将上述认同度分别记为 5、4、3、2、1。初步构建的"目标要素清单"详见表 4 - 13。

表4-13 我国研究型大学工科领域学术型博士生培养目标要素清单（初步）

目标要求	目标内容	学术界认同度	工业界认同度	综合认同度
掌握学科知识的能力	学科知识理论	4	5	5
	宏观把握研究领域的能力	4	4	4
	跨学科的知识与能力	4	4	4
沟通与交流的能力	有效沟通的能力	4	5	5
	国际交流能力	2	2	2
团队能力	团队合作能力	3	5	4
	组织协调能力	1	3	2
研究能力	总结归纳文献观点的能力	5	3	4
	明确研究方法的能力	5	3	4
	整体把握研究过程的能力	4	3	3
	结合文献与研究问题的能力	4	2	3
	明确研究问题的能力	4	2	3
	开展实验的能力	3	2	3
	设计系统性研究方案/技术方案的能力	3	2	3
	提出质疑或建议的能力	3	2	2
	设计实验的能力	3	1	2
	明确研究目标的能力	2	3	2
	明确研究意义的能力	2	1	2
	合理分析数据的能力	2	1	2
思维能力	系统思维能力	2	4	3
	逻辑思维能力	3	3	3
	批判性思维能力	2	1	2

续上表

目标要求	目标内容	学术界认同度	工业界认同度	综合认同度
表达能力	准确表述观点的能力	5	5	5
表达能力	有效表达的能力	4	4	4
表达能力	完整呈现研究过程的能力	3	1	2
表达能力	确切表述问题的能力	3	1	2
表达能力	学术论文写作能力	3	1	2
表达能力	语言能力	2	2	2
迁移能力	了解相关工业领域的能力	2	5	3
迁移能力	保持工程与学术互动的能力	1	5	3
迁移能力	具备工程意识的能力	1	5	3
迁移能力	融会贯通的能力/知识的整合	1	4	3
企业胜任力	工程实践能力	4	5	5
企业胜任力	职业规划能力	3	4	4
企业胜任力	承接工程项目的能力	1	3	2
企业胜任力	考虑企业实际需求的能力	1	3	2
企业胜任力	工程成本控制能力	1	3	2
企业胜任力	优化工艺流程的能力	1	3	2
企业胜任力	企业研究项目管理能力	1	3	2
企业胜任力	规划企业发展的能力	1	3	2
企业胜任力	推动技术发展的能力	1	3	2
企业胜任力	时间管理能力/时间观念	1	2	2
创新能力	科研创新能力	4	5	4
创新能力	思维创新的能力	2	3	3
创新能力	技术创新能力	1	4	2
创新能力	为产品创造新价值的能力	1	3	2

续上表

目标要求	目标内容	学术界认同度	工业界认同度	综合认同度
学习能力	终生学习的能力	3	4	3
	认识并理解不同文化的能力	2	4	3
	认识并理解自身工作的能力	1	4	2
	快速学习的能力	2	3	2
软实力	善于思考的能力	3	4	4
	独立开展学术研究的能力	4	3	3
	具备人文素养	3	3	3
	具备领导力	2	3	3
	社会交往能力	2	3	2
	具备脚踏实地的精神	1	4	2
	具备国际化视野	2	3	2
	主动表达的能力	2	2	2
	主动开展学术研究的能力	2	2	2
	具备好奇心	1	3	2

一、清单的讨论

(一) 获得两大群体共同较高关注的目标要求

若目标要求内容的认同度≥3，说明该目标要求内容获得了60%以上相关访谈对象的认同。通过进一步考察初步构建的"目标要素清单"的综合认同度（代表学术界和工业界两大群体的共同关注）发现，获得60%以上的两大群体共同较高关注的目标要求总计30个，占比50.0%。也就是说，初步构建的"目标要素清单"中有一半的目标要求在两大群体中获得了较高的认同度，其中获得一致性较高认同的目标要求总计19个，占比31.7%；另有4个目标要求获得整体的较高认同，但主要是在工业界访谈对象中获得了更高的关注，而两大群体的认同差异较明显。获得学术界和工业界两大群体共同较高关注的目标要求覆盖初步构建的"目标要素清单"中9个大的目标要求方向，并达到较高的一致性认同，具体详见表4-14。

表4-14 初步构建的"目标要素清单"中获得两大群体共同较高关注的目标要求

目标要求	目标内容
知识掌握的能力	学科知识理论
	宏观把握研究领域的能力
	跨学科的知识与能力
研究能力	整体把握研究过程的能力
	开展实验的能力
	设计系统性研究方案/技术方案的能力
沟通与交流的能力	有效沟通的能力
企业胜任力	工程实践能力
	职业规划能力
创新能力	科研创新能力
	思维创新的能力
表达能力	准确表述观点的能力
	有效表达的能力
学习能力	终生学习的能力
软实力	善于思考的能力
	具备领导力
	具备人文素养
	独立开展学术研究的能力
思维能力	逻辑思维能力

（二）学术界关注较高而企业界关注不高的目标要求

同样运用上述研究方法，通过进一步考察初步构建的"目标要素清单"的学术界认同度发现，获得60%以上的来自学术界访谈对象关注的目标要求总计27个，占比45.0%，其中与工业界访谈象认同度相当的目标要求总计18个；另有9个目标要求在两大群体中存在较大的认同差异，其中仅1个目标要求获得工业界的更高关注，其余8个目标要求获得学术界的更高关注。获得学术界较高关注的目标要求，覆盖初步构建的"目标要素清单"中2个大的目标要求方向，但工业界对这些目标要求的关注度不高，具体详见表4-15。

表4-15 初步构建的"目标要素清单"中获得学术界更高关注的目标要求

目标要求	目标内容
研究能力	总结归纳文献观点的能力
	明确研究方法的能力
	有机结合文献与研究问题的能力
	明确研究问题的能力
	设计实验的能力
表达能力	完整呈现研究过程的能力
	完整呈现研究问题的能力
	学术论文写作能力

（三）工业界关注较高而学术界关注不高的目标要求

同样运用上述研究方法，通过进一步考察初步构建的"目标要素清单"的工业界认同度发现，获得60%以上的来自工业界访谈对象关注的目标要求总计43个，占比71.7%，其中与学术界访谈对象认同度相当的目标要求总计21个；另外还有22个目标要求在两大群体中存在较大的认同差异，其中仅2个目标要求获得了学术界的更高关注，其余20个目标要求获得了工业界的更高关注。获得工业界较高关注的目标要求覆盖了初步构建的"目标要素清单"中7个大的目标要求方向，但学术界对这些目标要求的关注度不高，具体详见表4-16。

表4-16 初步构建的"目标要素清单"中获得工业界更高关注的目标要求

目标要求	目标内容
迁移能力	保持工程与学术互动的能力
	具备工程意识的能力
	了解相关工业领域的能力
	融会贯通的能力/知识的整合

续上表

目标要求	目标内容
学习能力	认识并理解自身工作的能力
	认识并理解企业文化的能力
企业胜任力	承接工程项目的能力
	考虑企业实际需求的能力
	工程成本控制能力
	不断优化工艺流程的能力
	企业研究项目管理能力
	规划企业发展的能力
	推动技术发展的能力
创新能力	技术创新能力
	为产品创造新价值的能力
团队合作能力	团队合作能力
	组织协调能力
软实力	具备脚踏实地的精神
	具备好奇心
思维能力	系统思维能力

需要说明的是,在初步构建"目标要素清单"的过程中,为使以理论编码为框架体系形成的工科领域学术型博士生培养目标,在整体呈现上能聚焦生成概括性更强的解释性理解,通过分析与比较所有目标要素的频次统计及其分布,本书剔除了"整体认同度"较低(综合频次统计为 1 的)以及学术界和工业界两大群体的"认同度差异"都较低(学术界和工业界频次统计差异均为 1 的)的目标要素,总计 53 个,其中 23 个目标要素是两大群体都不予关注的。例如,"教学与指导能力"被整体剔除于初步构建的"目标要素清单"之外,并且除"迁移能力"外,其余 10 个大的目标要求方向中均有被剔除的目标要求。另外,某些目标要求并不符合工科领域学术型博士生培养目标构建的四项主要原则,如目标要求"具备责任感""具备可塑性"和"具备决断力"等在目标反馈性原则方面很难衡量与把握,因而也被剔除于初步构建的"目标要素清单"之外。不过,从某种程度上说,这些

关注度低的目标要素也恰恰体现了两大群体的个性化建议，其中的部分目标要素，可酌情作为调整初步构建的"目标要素清单"的补充参考依据，具体详见附录五。

二、清单的使用

初步构建的"目标要素清单"的形成主要来自于对学术界和工业界相关人士群体的访谈，这些来自于不同职场环境和业务背景的专家，出于不同的目的所表达的对工科领域学术型博士生素质能力的期待，对设置目标具有一定的参考作用。不过，大学在设置工科领域学术型博士生培养目标时还需要考虑很多其他因素，如时空、学校、学科发展情况及其定位、生源等，这些因素虽是参考，但不应仅限于此。

另外，在构建我国研究型大学工科领域学术型博士生培养目标的过程中，作为逻辑主线的理论编码并不是孤立的、割裂的，它们之间存在相辅相成的密切关系。事实上，每个理论编码的具体内容，因其频次统计的不同而有所差异，不同频次统计区段所代表的观点指向不同的认同度，而不同高校或不同学科可以根据自身对工科领域学术型博士生教育的理解及其培养目标的定位，按照不同的认同程度进行目标内容的取舍。例如，若培养目标定位在"一般认同"程度以上，则目标要求将呈现 30 个具体目标内容；若培养目标定位在"不太认同"程度以上，则目标要求将呈现 60 个具体目标内容。也就是说，可通过不同的标准（如不同的认同程度）选择性地采集相应的目标要求，以便组合生成各高校或学科所需要的工科领域学术型博士生培养目标。

更重要的是，根据博士生导师、博士生或培养单位的自身需求，可以重新建立不同频次统计区段与认同程度之间的关系。例如，本书的频次统计区段是间距为 20% 的等分区段，而不同的高校或学科可以重新划分频次统计区段（等分区段或不等分区段），如 85% 及以上、76%～85%、51%～75%、21%～50% 和 20% 及以下的，分别属于"非常认同""很认同""一般认同""不太认同"和"很不认同"的程度，并可据此重新采集目标要求，以获得最适合本校或本学科博士生培养要求的目标内容。另外，还可根据不同高校或学科在博士生培养目标上的不同倾向，进行目标内容的取舍，如结合博士生的职业发展期望，若博士生打算就职于学术界，则其培养目标可以在理论编码"研究能力"上倾斜；若博士生打算就职于工业界，则可以在理论编码"企业胜任力"上倾斜。

事实表明，最理想的情况是通过集体讨论获得最适合本学科特色的工科领域学术型博士生培养目标，而这个集体则包括博士生导师、博士生和工业界雇主等工科领域学术型博士生教育的利益相关者。

本 章 小 结

　　首先，本章以理论编码为初步构建"目标要素清单"的框架体系，详细阐释了各维度（目标要素）的内在意义及其相互之间的结构关系；然后，以目标设定和目标管理等相关理论为基础，明确了我国研究型大学工科领域学术型博士生培养目标构建的主要原则，即明确性、挑战性、时效性和反馈性；最后，通过分析和比较学术界和工业界两大群体的零散观点及其频次统计，聚焦生成了概括性更强的解释性理解，即按需定制、灵活组合的"目标要素清单"及其补充参考，从而完成了扎根理论法的理论构建。初步构建的"目标要素清单"覆盖 11 个大的目标方向，以及由此细化出的 60 个更具体、更明确、更具可考性的目标要求内容。以此为参考依据，不同的高校或学科可以根据自身对工科领域学术型博士生培养目标的定位，通过频次统计区段的调整或学科特色的倾斜，进行目标内容的取舍，为后续研究打下基础。

第五章 现状分析、对比与修正[①]

关于工科领域学术型博士生培养目标的研究是一个相对理论化的议题，不过，每个培养单位所设置的具体培养目标却是各高校在开展实际培养工作中的落脚点。通过对部分培养单位的具体调研，本书希望能考察当前我国研究型大学工科领域学术型博士生培养目标的设置现状。一方面，不仅可以加深认识和理解博士生培养的基本方向，以及不同培养单位对工科领域学术型博士生教育目的、特色及要求的把握，而且可以在一定程度上成为考察我国工科领域学术型博士生教育质量的出发点和基本观测点，以求在实证比较的基础上对社会现实需求做出适当的反应；另一方面，根据本书初步构建的"目标要素清单"，再结合目标现状的调研数据，可以进一步探究我国研究型大学工科领域学术型博士生培养目标"应然"与"实然"之间的距离，为后续的以某高校某学科为例进行的博士生培养目标构建尝试做好准备。

第一节 调查对象及方法

一、调查对象

根据目的性抽样法原则，本书选取在工科领域学术型博士生培养方面具有代表意义的部分研究型大学作为调查对象，了解其以学科为单位的博士生培养目标设置的现实情况。

选取调查对象的基本原则主要包括两个方面：一是从我国研究型大学中选取调查对象，但排除那些可能会在博士生专业设置或博士生培养目标方面有着特殊要求的院校（如军校等）。因此，根据本书对研究型大学的概念界定，调查对象聚焦在由我国教育部认定的56所设有研究生院的研究型大学

[①] 刘俭，刘少雪. 我国高校工科领域博士生培养目标设置现状分析及建议：基于18所高校工科一级学科博士生培养方案的调查［J］. 高等工程教育研究，2019（2）：167-170，177.

中。二是在我国研究型大学中进一步选取工科领域具有较好发展的调查对象，本书以获得工程博士试点单位为判断标准，根据2011年国务院学位委员会第28次会议审议通过的《关于设置工程博士专业学位的报告》，工程博士试点单位必须要面向国家的科技重大专项招收并培养工程博士，其潜在生源必须具备较好的工程技术理论基础和较强的工程实践能力，同时还要具备成为工程技术领域领军人才的潜质；工程博士试点单位通过设置工程博士专业学位，实现技术创新与人才培养的相互促进，故而调查对象又聚焦在由我国教育部确定为工程博士试点单位的25所高校。

根据上述调查对象选取原则所确定的两组高校的交集是24所高校，进而排除北京航空航天大学、北京理工大学、哈尔滨工业大学、西北工业大学、中国国防科技大学等5所军工院校，以及非传统意义的中国科学院大学。因此，经统计后发现，本书的调查对象是18所高校，涉及工科门类下的292个一级学科博士生培养目标。调查对象的清单具体详见表5-1。

表5-1 我国研究型大学工科领域学术型博士生培养目标调查对象清单

高校名称	工科门类一级学科数/个	高校名称	工科门类一级学科数/个
北京大学	7	中国科学技术大学	12
清华大学	22	山东大学	15
天津大学	20	华中科技大学	18
吉林大学	18	华南理工大学	21
复旦大学	8	中南大学	16
同济大学	14	四川大学	19
上海交通大学	18	重庆大学	19
东南大学	19	电子科技大学	13
浙江大学	18	西安交通大学	15

资料来源：根据各大学官方网站信息整理。

二、调查方法

本书的调查数据完全采信于各调查对象的公开信息，即通过登录调查对象的官方网站，搜寻各培养单位工科门类下相关学科的博士生培养方案及其所包含的博士生培养目标，然后针对"博士生培养目标"的具体内容进行目标要素提取，并以此作为进一步开展文本分析的基础。本书的调查时间截止为2017年8月底。

通过调查18所大学工科门类下292个一级学科的官方网站,可以发现,其中195个一级学科博士生培养目标的具体内容表述完整;而97个一级学科未公布博士生培养目标,其中21个一级学科公布了相应的博士生培养方案,但其培养方案却未呈现博士生培养目标的相关内容,另外76个一级学科则未在其官方网站中公布博士生培养方案及其所包含的博士生培养目标。

在当今互联网时代,信息获取、传递与交流的方式发生了巨大的变化。人们往往通过网络发布信息,也通过网络查询信息。大学也不例外,许多的重要信息总是通过大学的官方网站推送给广大在校师生和社会各界人士。故而可以认为,在一般的情况下,博士生培养方案都会以电子版的形式公布在大学的官方网站上,若确实出现仅有纸质版发行而无电子版公布博士生培养方案的情况,基于其传播范围有限,从而使博士生培养目标所应发挥的引领、指导和参考作用大打折扣的考虑,本书将其视为某种程度上目标设置的缺失。若无特殊说明,在后续的研究中,本书仅以195个工科门类下一级学科博士生培养目标的具体内容为开展进一步分析的调查对象。

第二节 调查统计与分析

一、从培养方案中提取目标要素

通过分析195个工科门类下一级学科博士生培养目标的具体内容,可以看到,工科领域学术型博士生培养目标的具体内容大多是通过250个左右的汉字、4~9个句子组成的一个段落来表述。其中,培养目标所期望的某个目标要素是由一个句子单独或多个句子联合表达出来的。为便于更深入地统计分析,本书首先根据培养目标具体内容中不同的语义表达,将其拆分成不同的小语义段落,然后再分别对每个小语义段落中提及的目标要素进行归纳、总结和提取,作为后续研究的基本材料。需要说明的是,为使后续研究建立在统一的框架中,在从每个小语义段落中提取目标要素时,本书遵循前述从访谈资料中提取初始编码的相同原则(具体详见第三章),即确保每一条目标要素指向唯一的意义,并运用简洁的语言使目标要素与意义之间能形成一对一的明确关系,避免一对多的意义混淆。

现以某调查高校工学院"一般力学与力学基础"学科博士生培养目标的具体内容表述为例,进行目标要素提取的文本分析,该学科博士生培养目标的具体内容是:"应具有正确的政治方向、优良的品德和学风、健康的身体。应掌握坚实的一般力学与力学基础的基础理论和较为系统的专门知识,掌握控制工程的实验技能，能较熟练地掌握一门外语，并能独立进行一般力学与力学基础专业的科学研究。毕业后成为具有跨学科研究和课堂教学能力，以及在生产实践中运用这些知识的专门技术人才。"具体的语义分解与目标要素提取过程详见图 5-1。

博士生培养目标具体内容的分解	期望目标要素的提取
应具有正确的政治方向、优良的品德和学风、健康的身体	思想政治及健康要求
应掌握坚实的一般力学与力学基础的基础理论和较为系统的专门知识	学科知识理论
掌握控制工程的实验技能	开展实验的能力
能较熟练地掌握一门外语	语言能力
并能独立进行一般力学与力学基础专业的科学研究	独立开展学术研究的能力
毕业后成为具有跨学科研究能力	跨学科的知识与能力
具有课堂教学能力	课堂教学的能力
以及在生产实践中运用这些知识的专门技术人才	保持工程与学术互动的能力

图 5-1 博士生培养目标要素的提取过程

按上述文本分析的方法，首先对该工科领域学术型博士生培养目标的具体内容进行不同语义的分解，从而将整个段落拆分为 8 个语句；然后对每个语句进行目标要素提取。需要说明的是，在归纳所提取的目标要素的过程中，为与初步构建的"目标要素清单"之间建立更具可比性的参考关系，本书尽量采用与初步构建的"目标要素清单"保持一致性的文字描述，例如，在提取目标内容表述中的小语义段落"掌握坚实的一般力学与力学基础的基础理论和比较系统的专门知识"时，所提取的目标要素"学科知识理论"与初始编码"学科知识理论"保持一致。

由图 5-1 发现，除"课堂教学的能力"和"思想政治及健康要求"外，其他所提取的期望目标要素均可在初步构建的"目标要素清单"中找到。不过，"课堂教学的能力"也可在初步构建的"目标要素清单"的补充参考中找到，而"思想政治及健康要求"是学术界和工业界访谈对象完全没有提及的目标要素。

运用上述同样的文本分析方法，将 195 个工科门类下一级学科博士生培养目标进行语义分解，合并同类项后总计获得 311 条语句。对每条语句进行目标要素提取，如图 5-1 所示，从某调查高校工学院"一般力学与力学基础"学科博士生培养目标的具体内容中,可提取到 8 个目标要素,以此类推,将从 311 条语句中提取到的目标要素再次进行合并同类项后,总计获得 16 个目标要素,即①学科知识理论,②独立开展学术研究的能力,③科研创新能力,④保持工程与学术互动的能力,⑤课堂教学能力,⑥语言能力,⑦思想政治及健康要求,⑧宏观把握研究领域的能力,⑨科学素养,⑩有效沟通的能力,⑪具备国际化视野,⑫跨学科的知识与能力,⑬学术论文写作能力,⑭开展实验的能力,⑮团队合作能力,⑯组织协调能力。

将上述 16 个目标要素全部列出后,通过标注工科门类下不同一级学科博士生培养目标具体内容中所提取到的目标要素,可清晰地看到全部 18 所被调查高校 195 个工科门类下一级学科博士生培养目标要素提取的分布情况,以某被调查高校为例,其所有工科门类下一级学科博士生培养目标要素提取情况详见表 5-2。

表 5-2 某被调查高校工科领域学术型博士生培养目标内容的要素提取情况表

一级学科	学科知识理论	独立开展学术研究的能力	科研创新能力	语言能力	跨学科的知识与能力	课堂教学能力	保持工程与学术互动的能力	开展实验的能力	有效沟通的能力	学术论文写作能力	组织协调能力	团队合作能力	思想政治及健康要求	科学素养	宏观把握研究领域的能力	具备国际化视野
(1) 地质工程	✓	✓	✓	✓		✓	✓									
(2) 城市规划与设计	✓	✓	✓	✓		✓							✓			
(3) 防灾减灾工程及防护工程														✓	✓	
(4) 风工程																
(5) 隧道及地下建筑工程	✓					✓								✓	✓	
(6) 土木工程计算机仿真	✓													✓	✓	
(7) 土木工程施工	✓	✓	✓	✓		✓	✓							✓	✓	

续上表

一级学科	学科知识理论	独立开展学术研究的能力	科研创新能力	语言能力	跨学科的知识与能力	课堂教学能力	保持工程与学术互动的能力	开展实验的能力	有效沟通的能力	学术论文写作能力	组织协调能力	团队合作能力	思想政治及健康要求	科学素养	宏观把握研究领域的能力	具备国际化视野
(8) 结构工程	✓	✓	✓	✓			✓		✓			✓		✓	✓	
(9) 景观规划设计	✓	✓	✓	✓	✓											
(10) 建筑技术科学	✓	✓	✓	✓												
(11) 建筑历史与理论	✓	✓	✓	✓												
(12) 建筑设计及其理论	✓	✓	✓	✓												
(13) 摄影测量与遥感	✓	✓	✓	✓												
(14) 大地测量学与测量工程	✓	✓	✓	✓						✓						
(15) 制图学与地理信息工程	✓	✓	✓	✓												
(16) 交通运输工程	✓	✓	✓	✓	✓				✓					✓	✓	✓
(17) 桥梁与隧道工程	✓	✓							✓							
(18) 岩土工程	✓				✓									✓	✓	
(19) 测绘科学与技术	✓		✓		✓										✓	✓

注：符号✓代表该工科门类下一级学科博士生培养目标具体内容中提取到的目标要素。

二、目标要素的频次统计分布

在获得全部18所调查高校195个工科门类下一级学科博士生培养目标要素提取的分布情况后，运用前述相同的频次统计与分析方法，本书统计了每个博士生培养目标要素在所有培养目标中被提及的次数，具体的频次统计分布，如表 5-3 所示。

表 5-3 提取目标要素的集合及其在博士生培养目标设置中被提及的频次统计

提取目标要素的集合	在博士生培养目标中被提及的次数/次	频次统计/%
（1）学科知识理论	308	99.0
（2）独立开展学术研究的能力	277	89.1
（3）科研创新能力	256	82.3
（4）保持工程与学术互动的能力	243	78.1
（5）课堂教学能力	182	58.5
（6）语言能力	180	57.9
（7）思想政治及健康要求	179	57.6
（8）宏观把握研究领域的能力	179	57.6
（9）科学素养	178	57.2
（10）有效沟通的能力	113	36.3
（11）具备国际化视野	105	33.8
（12）跨学科的知识与能力	103	33.1
（13）学术论文写作能力	69	22.2
（14）开展实验的能力	68	21.9
（15）团队合作能力	45	14.5
（16）组织协调能力	40	12.9

由表 5-3 发现，在 16 个博士生培养目标要素频次统计的序列中，存在两个比较大的落差。第一个落差出现在第 4 和第 5 个博士生培养目标要素之间；第二个落差出现在第 9 和第 10 个博士生培养目标要素之间。因此，相应地就出现了三个关注度差异较大的博士生培养目标要素集合。

第一个博士生培养目标要素集合所获得的关注度最高。其中包括 4 项内容，具体分析来看，有三点发现：一是"学科知识理论"在全部调查高校的博士生培养目标中被提及的频次最高，达 99%，可见，各调查高校对该目标要素的认同高度一致。极少数未提及该目标要素的博士生培养目标，主要是因为目标内容表述本身就很简略，而非单单未提及该目标要素。二是"学科知识理论""科研创新能力"和"独立开展学术研究的能力"等主要反映的是2004年修订的《中华人民共和国学位条例》（以下简称《学位条例》）中关于博士学位获得者必须达到的3个毕业要求，即博士学位获得者须在本门学科上掌握坚实宽广的基础理论和系统深入的专门知识，具有独立从事科学研究工作的能力，在科学或专门技术上有创造性的成果。所有这3个目标要素在全部调查高校的博士生培养目标中被提及的频次均在80%以上，可见，各调查高校在设置工科领域学术型博士生培养目标时，高度认同2004年的《学位条例》。三是3/4以上的调查高校在设置工科领域学术型博士生培养目标时关注到"保持工程与学术互动的能力"，可见，各调查高校大多认识到该目标要素对培养工科领域学术型博士生的重要性，同时也体现了工科领域学术型博士生培养的学科特性。

第二个博士生培养目标要素集合所获得的关注度一般。关注度最高的"课堂教学的能力"和最低的"科学素养"之间，关注度差异很小，不到2%。"课堂教学能力"在全部调查高校的博士生培养目标中被提及的频次较高，近60%。可见，调查高校大多还是认为工科领域学术型博士生的培养主要是服务于学术界，故而较为重视培养博士生的课堂教学能力。对"语言能力"的关注度仅次于"课堂教学能力"，但从某种程度上来看，与其说是被调查高校对当今全球化时代的积极反应，不如说是对工科领域学术型博士生开展文献研究能力的重视。特别是，工科领域的科学研究是无国界的，很多经典、优秀的文献普遍出自外文资料，因此，被调查高校在博士生培养目标中较为强调"掌握一门外语"的能力要求。另外，"思想政治及健康要求""宏观把握研究领域的能力"和"科学素养"等被提及的频次均在55%以上，即在设置工科领域学术型博士生培养目标时，半数以上的被调查高校关注到了该目标要素集合。

第三个博士生培养目标要素集合所获得的关注度较低。关注度最高的"有效沟通的能力"和最低的"组织协调能力"之间，关注度差异较大，近25%。"有效沟通的能力""具备国际化视野"和"跨学科的知识与能力"等被提及的频次均在33%～37%之间。这3个博士生培养目标要素是该目标要素群体中频次最高的部分，但也仅获得了1/3左右调查高校的关注。可见，被调查高校大多未将其与工科领域学术型博士生的能力要求联系起来。另外，"学术论文写作能力"和"开展实验的能力"等被提及的频次更低，仅20%左右。这似乎与传统理解不太相符（一般来说，博士生导师比较重视培养工科领域学术型博士生的"开展实验的能力"和"学术论文写作能力"），而这一结果的出现或许存在着两种可能性：一是被调查高校确实不重视对工科领域学术型博士生在学术论文写作能力和实验技能方面的培养，因而未将其列入博士生培养目标中；二是被调查高校重视这两个博士生培养目标要素，但却默认其是博士生必须达到的基本能力要求，因而不必单独列入博士生培养目标中。"团队合作能力"和"组织协调能力"等被提及的频次最低，不到15%，可见，各调查高校普遍认为，这两个博士生培养目标要素与工科领域学术型博士生的能力要求之间的关联度较低。

不同的博士生培养目标要素集合反映了各被调查高校对工科领域学术型博士生培养目标认识的差异，从国家层面的总目标到学科特性目标，再到普遍性目标及个性化目标，关注程度亦自高而低依次排序。

另外，不同培养单位在博士生培养目标中所提及的目标要素数差别显著。可以看到，部分博士生培养目标的具体内容描述不足50字，仅覆盖了3个博士生培养目标要素，如某调查高校地质工程学科对博士生培养目标的描述是："掌握本专业坚实宽广的基础理论和系统深入的专门知识；能独立从事创新工作；能熟练应用第一外语开展科研。"上述这段目标的具体内容描述大体可提取3个目标要素，即"学科知识理论""独立开展学术研究的能力"和"语言能力"。另外，还有部分博士生培养目标的具体内容描述将近500字，覆盖的博士生培养目标要素多达15个，如某调查高校机械工程学科对博士生培养目标的描述是："为了适应我国社会主义现代化建设事业对各类高层次人才的需求，本学科研究生教育应全面贯彻党的教育方针，加强综合素质教育，全面提高研究生培养质量，面向社会，面向生产第一线，培养德智体全面发展，理论联系实际，能从事本专业领域教学、科研以及管理工作的高层次人才。因此，要求博士生做到：①努力学习马列主义、毛泽东思想、邓小平理论以及'三个代表'重要思想和科学发展观，坚持四项基本原则，热爱祖国，遵纪守法，树立正确的人生观、价值观，具有为实现社会主义现代化努力奋斗的献身精神。②具有良好的品德修养和科研道德，具有追求真理的献身精神、实事求是的科学精神、勇于创新的开拓精神、善于合作的团队精神、关注社会的人文精神。③掌握坚实的基础理论、系统的专门知识和必要的实践技能；熟悉本学科的发展方向及国际学术研究前沿；具有独立从事科研工作或独立担负专门技术工作的能力；有严谨求实的科学态度和作风；能解决本学科领域的问题并提出新的见解，能运用计算机和先进的测试技术；熟练掌握一门外国语，能阅读本学科领域的外文资料和撰写论文摘要。可胜任本学科或相邻学科领域的教学、科研和工程技术工作或相应的科技管理工作。④具有健康的身体。"在上述这段目标的具体内容描述中，除"开展实验的能力"外，其他的目标要素均已被提及。

可以看到，从培养目标内容中所提取的目标要素数大多在7~11个之间，即除关注第一个博士生培养目标要素集合外，调查高校还关注了第二、第三个博士生培养目标要素集合中的3~7个目标要素，从而在一定程度上体现了不同调查高校对工科领域学术型博士生培养目标认识的差异,详见表5-4。

表5-4 从博士生培养目标的具体内容描述中提取目标要素的情况

从培养目标内容中所提取的目标要素数/条	培养目标数/条	培养目标数占比/%
3~4	41	13.2
5~6	51	16.4
7~11	188	60.5
12~13	26	8.4
14~15	5	1.6
总计	311	—

三、目标要素在现实与访谈中的比较

本书通过计算16个博士生培养目标要素在所有调查高校博士生培养方案中被提及的次数,可获得相应的频次统计。由于在统一的研究框架下采用相同的目标要素提取方法,故而所获得的16个博士生培养目标要素均指向单一的能力要求,与根据访谈资料所获得的初始编码相比,更具可比性。因此,以频次统计为切入点,将在现实中所获得的16个博士生培养目标要素与在访谈中所获得的相应的初始编码进行比较与分析,以考察两者的关注度差异。按频次统计差异升序排列后,其比较结果可分别详见表5-5(现实与学术界的比较)和表5-6(现实与工业界的比较)。

表5-5 博士生培养目标在现实与访谈中学术界群体的关注度比较

提取目标要素的集合	现实的频次统计/%	学术界频次统计/%	频次差异/%
(14)开展实验的能力	21.9	57.1	-35.2
(13)学术论文写作能力	22.2	57.1	-34.9
(12)跨学科的知识与能力	33.1	64.3	-31.2
(15)团队合作能力	14.5	42.9	-28.4
(10)有效沟通的能力	36.3	64.3	-28.0
(8)宏观把握研究领域的能力	57.6	78.6	-21.0

续上表

提取目标要素的集合	现实的频次统计/%	学术界频次统计/%	频次差异/%
(11) 具备国际化视野	33.8	21.4	12.4
(16) 组织协调能力	12.9	0.0	12.9
(3) 科研创新能力	82.3	64.3	18.0
(1) 学科知识理论	99.0	78.6	20.4
(6) 语言能力	57.9	35.7	22.2
(2) 独立开展学术研究的能力	89.1	64.3	24.8
(5) 课堂教学的能力	58.5	21.4	37.1
(9) 科学素养（软实力）	57.2	17.6	39.6
(7) 思想政治及健康要求	57.6	0.0	57.6
(4) 保持工程与学术互动的能力	78.1	14.3	63.8

注：若认同差异为正数，说明该目标要素在现实中的关注度更高；若认同差异为负数，则说明该目标要素在访谈中的关注度更高。（下同）

根据表5-5，通过将在现实中所获得的博士生培养目标要素与在访谈中学术界群体所提及的相应的初始编码进行比较与分析，有以下三个发现：一是学术界更看重的博士生培养目标要素由高至低依次是前6个，其中"开展实验的能力""学术论文写作能力"和"跨学科的知识与能力"等在现实与学术界中所获得的频次统计差异较大，超过30%；可见，博士生导师群体已认识到这些目标要素在工科领域学术型博士生培养中的重要性，但他们的期待却并未如实地被反映在现实的博士生培养目标设置中。二是，现实更看重的博士生培养目标要素由低至高依次是后8个，其中"保持工程与学术互动的能力"在现实与学术界中所获得的频次统计差异很大，超过60%；可见，各调查高校认识到这些目标要素对工科领域学术型博士生培养的重要性，但博士生导师群体的认识却没有跟上。"科学素养"和"课堂教学的能力"在现实与学术界中所获得的频次统计差异也较大，超过30%；可见，博士生导师群体大多并未遵循"为学术界培养工科领域学术型博士生"的价值理念。博士生导师群体的认识与现实的博士生培养目标设置之间的不同，很可能将使现实的目标要求空置，发挥不了引领和指导博士生培养的作用。三是，"组织协调能力"和"具备国际化视野"等在现实与学术界中所获得的频次统计差异基本相当，绝对值在10%左右，可见，学术界对工科领域学术型博士生的"组织协调能力"与"具备国际化视野"的认识，与教育实践基本保持同步。

总的来说，学术界更看重工科领域学术型博士生跨界、综合与实践的能力，这些博士生培养目标要求的实现，可使工科领域学术型博士生能更灵活、变通，并具备一定的领导力，从而更好地适应学术界的职场环境，并逐渐成长为学术界的骨干人才。

表5-6 博士生培养目标在现实与访谈中工业界群体的关注度比较

提取目标要素的集合	现实的频次统计/%	工业界频次统计/%	频次差异/%
（15）团队合作能力	14.5	92.3	-77.8
（10）有效沟通的能力	36.3	100.0	-63.7
（16）组织协调能力	12.9	53.8	-40.9
（12）跨学科的知识与能力	33.1	69.2	-36.1
（4）保持工程与学术互动的能力	78.1	100.0	-21.9
（11）具备国际化视野	33.8	46.2	-12.4
（14）开展实验的能力	21.9	30.8	-8.9
（8）宏观把握研究领域的能力	57.6	61.5	-3.9
（3）科研创新能力	82.3	84.6	-2.3
（1）学科知识理论	99.0	100.0	-1.0
（13）学术论文写作能力	22.2	0.0	22.2
（9）科学素养（软实力）	57.2	28.1	29.1
（6）语言能力	57.9	23.1	34.8
（2）独立开展学术研究的能力	89.1	46.2	42.9
（7）思想政治及健康要求	57.6	0.0	57.6
（5）课堂教学的能力	58.5	0.0	58.5

根据表5-6，通过将在现实中所获得的博士生培养目标要素与在访谈中工业界群体所提及的相应的初始编码进行比较与分析，也有以下三点发现：一是工业界更看重的博士生培养目标要素由高至低依次是前5个，其中的

"团队合作能力"和"有效沟通的能力"等在现实与工业界中所获得的频次统计差异很大,超过60%;说明工业界的职场环境和工作特性,格外看重工科领域学术型博士生具备密切合作、共同协商、相互支持地完成一致性目标的能力。"组织协调能力"和"跨学科的知识与能力"等在现实与工业界中所获得的频次统计差异超过30%;说明工业界对工科领域学术型博士生的资源分配、控制与协调的能力以及知识跨界能力等更看重。二是现实中更看重的博士生培养目标要素由低至高依次是后6个,其中的"课堂教学能力"和"思想政治及健康要求"等在现实与工业界中所获得的频次统计差异很大,将近60%,"语言能力"和"独立开展学术研究的能力"等在现实与工业界中所获得的频次统计差异也较大,超过30%;说明这些目标要素更符合"为学术界培养工科领域学术型博士生"的价值理念,故而在现实中与工业界产生了较大的关注差异。三是"宏观把握研究领域的能力""学科知识理论""具备国际化视野""开展实验的能力"和"科研创新能力"等在现实与工业界中所获得的频次统计差异基本相当,绝对值在10%左右;说明无论是在现实中还是工业界,都对工科领域学术型博士生的知识、创新、科研与国际化能力的期待保持基本一致。

总的来说,工业界更看重与工程实践操作及真实环境更密切相关的能力要求,这些博士生培养目标要求的实现,可使工科领域学术型博士生能更好地适应工业界的职场环境,发挥出博士人才就职于工业界的重要作用。

另外,通过综合比较分析表5-5和表5-6,还有以下发现:一是在现实、学术界与工业界中,"具备国际化视野"的频次统计的差异绝对值均在10%左右,但有正、负值的区别,因此,对该目标要素的重视程度由高至低的排序依次是:工业界、现实和学术界,这就说明全球化时代对工业界的影响最为强烈,故而工业界最关注工科领域学术型博士生的国际化能力。二是16个博士生培养目标要素在现实与学术界中频次统计的差异最大值为99.0%(最大差异负值"开展实验的能力"的频次统计差异是-35.2%,最大差异正值"保持工程与学术互动的能力"的频次统计差异是63.8%,两者绝对值之和为99.0%);在现实与工业界中频次统计的差异最大值为136.3%(最大差异负值"团队合作能力"的频次统计差异是-77.8%,最大差异正值"课堂教学的能力"的频次统计差异是58.5%,两者绝对值之和为136.3%)。由于工科领域学术型博士生培养目标是在各调查高校中设置完成的,其目标设置主体有一定的局限性,因而使目前呈现出来的工科领域学术型博士生培养目标与工业界相关人士群体之间产生了更大的分歧(136.3%远大于99.0%)。三是"团队合作能力""跨学科的知识与能力"和"有效沟通的能力"等在现实中的关注度均小于在学术界和工业界中的关注度;与此同时,"独立开展学术研究的能力""思想政治及健康要求""课堂教学能力""语言能力"和"科学素养"等在现实中的关注度均大于在学术界和工业界中的关注度。

事实上,对于博士生培养目标要素重要性的认识,在不同群体之间存在较大的偏差是正常的。正如在格兰德(De Grande H)等人的研究中,他们访谈了部分工科领域学术型博士生、大公司和小公司的人力资源主管或雇主后,发现工科领域学术型博士生将"科学知识"及"研究技巧"排在能力指标重要性排序的前列,而公司则更注重工科领域学术型博士生的"技术技能"或"团队合作能力",大公司特别看重工科领域学术型博士生的"团队合作能力";在能力指标重要性排序中,被工科领域学术型博士生排在第一位的"科学知识"甚至没有进入大公司排序的前五位,而在公司看来比较重要的"执行力"一项,也未进入工科领域学术型博士生排序的前五位。这种排序上的不同与其说是认识上的差别,不如说是由群体立场引起的。例如,相对博士生导师和工业界相关人士群体来说,工科领域学术型博士生更关注的是如何获得博士学位,很少会为自己未来的职业生涯做规划。①

四、"目标要素清单"的最终形成

将从18所大学工科门类下195个一级学科博士生培养目标中提取的16个博士生培养目标要素,与运用扎根理论法获得的初步构建的"目标要素清单"进行对比可以发现,"课堂教学能力""思想政治及健康要求"和"科学素养"等3个博士生培养目标要素并未出现在初步构建的"目标要素清单"中。

博士生培养目标要素"课堂教学能力"在访谈调查中被提及的频次偏低(学术界和工业界的频次统计分别是21.4%和0%,综合频次统计是11.1%),因此,在聚焦生成概括性更强的解释性理解的过程中,被调整到初步构建的"目标要素清单"的补充参考中。另外,博士生培养目标要素"科学素养"无法在"目标要素清单"中找到完全对应的内容,但其在内涵上与初步构建的"目标要素清单"中"软实力"的意义阐释相近。因此,在比较分析博士生培养目标要素的过程中,本书认为"科学素养"与"软实力"在频次统计和关注度上近似,从而做出近似数据相互替代的模糊处理,即用"软实力"的频次统计和关注度代替"科学素养"的相关数据。

博士生培养目标要素"思想政治及健康要求"在访谈调查中从未被博士

---

① HAKALA J. The Future of the Academic Calling? Junior Researchers in the Entrepreneurial University [J]. Higher Education, 2009, 57 (2): 173-190.

生导师和工业界相关人士群体提及,因此,并未出现在初步构建的"目标要素清单"中。出现这一结果的原因可能在于,对每一位中国公民来说,"思想政治及健康要求"都是极其重要的,故而访谈对象在访谈调查中没有特别提及。事实表明,博士生培养目标要素"思想政治及健康要求"是我国研究型大学工科领域学术型博士生教育实践中的重要组成部分。思想政治教育是启迪人类思想、塑造灵魂的关键手段;[①] 保持或提高健康水平是培养博士生全面发展的重要途径,这里既包括健康的体质,又包括良好的心态。因此,对处于国家高级人才体系最高端的工科领域学术型博士生来说,提出"思想政治及健康要求"事关我国博士生教育事业的健康发展、事关培养什么样的高层次人才,以及如何培养和为谁培养高层次人才的根本问题,对全面实施科教兴国和人才强国战略具有重大而深远的意义。[②] 因此,本书根据我国研究型大学工科领域学术型博士生培养目标现状调查的分析结果,将目标要素"思想政治及健康要求"补充进了"目标要素清单""软实力"中,对"目标要素清单"做出适当的修正,最终形成了由61个更具体、更明确、更具可考性的目标要求构成的"目标要素清单",具体详见附录五。

第三节　调查结论

一、高度认同"思想政治及健康要求",体现了当前博士生教育的正确方向

随着我国社会主义现代化建设及发展迈入新时代,德才兼备的高层次人才是必不可少的。博士生教育代表着一个国家高层次人才的培养水平,对提升国家整体的国际竞争力、建设创新型国家具有重大而深远的意义。新时代,新使命,立德树人的内涵也在不断丰富。通过现状调查发现,被调查的高校约60%都对工科领域学术型博士生提出"思想政治及健康要求"。可见,大部分调查高校的确思考了"培养什么人、如何培养人、为谁培养人"这一根本问题,并通过培养目标的具体设置,力图帮助工科领域学术型博士生坚定共产主义理想信念,为我国的改革开放事业和社会主义现代化建设服

[①] 朱志,于洋,闫永胜. 博士生思想教育、心理和体质健康研究 [J]. 新丝路 (下旬), 2016 (12): 160.

[②] 段红梅. 博士生导师如何做思想政治工作 [J]. 中国高等教育, 2017 (21): 29 - 31.

务，更为实现中华民族伟大复兴的中国梦培养新时代社会主义的接班人和建设者。因此，"思想政治及健康要求"的提出，不仅能保证我国研究型大学工科领域学术型博士生培养走在正确的道路上，而且对我国社会主义特色事业的建设与发展、科学发展"以人为本"核心思想的实现，具有重要的实践意义和现实意义，从而开创了我国高等教育事业发展的新局面。①

二、高度重视知识的掌握、研究能力和创新能力，体现了博士生教育的本质

学术型博士生教育强调的是科学研究及高深学问的传播和探索，是以提高人的理性修养、增进人类科学文化知识和促进学术发展为旨趣的。这是学术型博士生教育发展的内在逻辑。② 学术原创性、学术生产力和学术贡献度等是考察学术型博士生能否获得博士学位的基本指标，这在全世界范围内都存有共识，并超越学科乃至时间上的差异，从而体现出博士生教育的基本宗旨。通过现状调查可以发现，80% 以上的被调查工科领域一级学科博士点，都将三个核心要求纳入了工科领域学术型博士生培养目标的具体内容中，可见，绝大多数博士点都接受"博士"学位的世界通用性特性，并将之纳入博士生培养实践的体系中。

三、关注博士生的工业界可雇佣性能力，体现了对工科领域学科特性的重视

工科本身就是一个多学科汇集的领域，一方面，学术研究的发展使学科之间的边界变得愈发模糊；另一方面，特别是研究型大学，越来越多地与外部世界特别是工业界保持着联系与互动。通过现状调查可以发现，对工科领域学术型博士生应具有的"保持工程与学术互动的能力"获得了 78% 以上的博士点的认同，可见，大多数博士点能较好地认识与理解工科领域的学科特性，并通过培养目标的设置来体现与强化，以便所培养的博士毕业生能在产学研互动中实现科学与工程之间的不断转换。

不过，与工科领域学科特性密切相关的"跨学科的知识与能力"和"开展实验的能力"，以及与工业界可雇佣性能力密切相关的"有效沟通的能力""具备国际化视野""团队合作能力"和"组织协调能力"等获得调

---

① 张烁. 把思想政治工作贯穿教育教学全过程 开创我国高等教育事业发展新局面 [N]. 人民日报, 2016 – 12 – 09.

② 包水梅. 学术型博士生培养目标定位及其素质结构研究 [J]. 教育科学, 2015 (2): 71 – 78.

查高校一级学科博士点的认同程度并不高。一方面,这些博士生培养目标要素的出现,说明它们已是部分博士点在开展博士生培养过程中关注的要素;另一方面,这些博士生培养目标要素的相对认同度不高,说明不同的博士点对这些目标要求的认识还存有差异,当然,这也是形成我国工科领域学术型博士生教育多样化的基础。事实上,各博士点应从学校历史、地缘特征、时代需求等不同侧面综合考虑培养目标的设置,既遵循高等教育的学术逻辑,又顾及一定的市场逻辑,[①] 而这也正是知识经济时代对工科领域学术型博士生教育提出的合理要求。

四、部分高校对工科领域学术型博士生培养目标设置的重视程度还有待提高

通过现状调查可以发现,被调查高校的各博士点对工科领域学术型博士生培养目标设置的重视程度存在明显差别,部分博士点甚至直接忽视了这项工作(在上述现状调查的 292 个一级学科中,近 1/3 的博士点未在官方网站上公布博士生培养目标),说明这些博士点对培养目标的设置缺乏应有的重视,进而可能会导致开展工科领域学术型博士生培养工作中的盲目现象。事实上,设置科学合理的培养目标是指导、规范和引领各博士点保证工科领域学术型博士生培养工作顺利开展的基础,进而可同时实现凝聚博士生教育共识、形成博士生培养特色、连接学术界与工业界需求等与工科领域的学科发展和人才培养密切相关的其他各类目标,以达成博士生培养与工科领域学科自身发展之间的良性互动。从公共传播的角度来看,博士生培养目标的信息公开,意味着培养单位愿意接受大众监督;从培养目标的功能来看,没有明确的博士生培养目标,则意味着博士生培养工作可能会存在方向不明、对博士生指导不强以及对整个博士生培养工作缺乏及时总结和反馈依据等方面的问题,从而限制了工科领域学术型博士生培养目标引领和规置性作用的发挥。

五、部分培养单位对工科领域学术型博士生培养目标设置原则的把握不够

设置工科领域学术型博士生培养目标的意义,主要在于引领和规置后续博士生培养的实践活动,故而内涵清晰、表达明确的博士生培养目标,既关系到目标内容本身的质量和效度,又能促进目标作用的充分发挥。通过现状

---

① 徐贞,牛梦虎. 就业多元化趋势下博士生教育改革研究 [J]. 教育发展研究,2017,37 (9):64-71.

调查可以发现，在被调查的195个工科门类下一级学科博士生培养目标中，目标要素过少及过多的现象达到了1/5左右。目标要素过少的目标内容，大多只是重述2004年修订的《中华人民共和国学位条例》中的三条核心要求，并未体现出培养单位自身的特色、定位和需求；目标要素过多的目标内容，显得目标要素不够聚焦，使现实中的目标引领性作用难以发挥。目标要素过多或过少的现象都为博士生培养目标的后期考核与反馈带来困难。因此，在工科领域学术型博士生培养目标设置过程中，应尽量选择具体、明确的表达方式，或将笼统的目标要求进行分解，用更具体的目标要求予以替代。

六、部分培养单位的工科领域学术型博士生培养目标设置脱离了现实需求

通过调查195个工科门类下一级学科博士生培养目标设置现状所获得的16个博士生培养目标要素，与"目标要素清单"中的61个目标要素相比，具有两点不同之处。一是前者所覆盖的目标要素非常集中，尽管这些被调查的一级学科博士点具有不同的专业方向、属于不同的高校、处于不同的地理位置等；可见，我国研究型大学各工科领域一级学科博士点在博士生培养目标方向上的高度趋同。二是博士生导师和工业界相关人士访谈对象特别关注的部分目标要素，并未在大学工科领域学术型博士生培养实践中获得相应的关注，如"迁移能力""学习能力""思维能力""企业胜任力"和大部分的"软实力"等；另外，虽然有些目标要素获得了相应关注，但其目标要求的具体表达不够充分，如"研究能力""创新能力""掌握学科知识的能力""表达能力"和"沟通与交流的能力"等。

本 章 小 结

本章调查了我国18所高校及其涉及的工科门类中292个一级学科博士生培养目标设置现状，通过运用提取要素的文本分析法可以发现，其中97个一级学科博士点没有关于博士生培养目标的具体表述，目标设置缺失率达33.2%；在其余195个一级学科博士生培养目标内容的表述中，所获得的311条目标内容形成了16个培养目标要素，且大部分目标内容集中覆盖7～11个目标要素。目标设置现状调查不仅对初步构建的"目标要素清单"进行了修正，还进一步发现所补充的目标要素"思想政治及健康要求"获得了调查高校的高度认同，从而体现了当前博士生教育的正确方向。同时，绝大多数工科领域学术型博士生培养目标对知识的掌握、研究能力和创新能力的

高度重视，反映了培养单位对博士学位世界通用性特征的接受；大多数工科领域学术型博士生培养目标能较好地认识与理解工科领域的学科特性，但这样的认识在不同的培养单位中还存有差异；近1/3 的培养单位对工科领域学术型博士生培养目标的设置缺乏应有的重视。另外，部分培养单位对工科领域学术型博士生培养目标设置原则的把握不到位，目标要素过于集中，忽视了来自工业界或社会的现实需求。因此，各被调查高校在工科领域学术型博士生培养实践中，应充分发挥目标设置在引领、指导和参考方面的作用，使文字描述更具体而明确，覆盖内容更充分而务实。本章在寻找"应然"与"实然"之间差距的过程中，加深了对我国研究型大学工科领域学术型博士生培养目标设置现状的认识与理解，为后续研究打下基础。

第六章 构建尝试与政策建议

通过访谈部分博士生教育利益相关者，调查部分研究型大学工科领域学术型博士生培养目标设置现状，在比较分析和归纳总结的基础上可以发现，在我国研究型大学工科领域学术型博士生培养目标"是什么"和"应该是什么"两者之间还存有一定距离，故而本书试图以此为基础，以上海交通大学生物医学工程学科为例，尝试构建该学科博士生培养目标。另外，通过借鉴部分国外高校设置博士生培养目标的过程，从目标设置、执行和反馈三个环节出发，探索我国研究型大学工科领域学术型博士生培养目标设置的路径与工作流程，并给出相应的政策建议。

第一节 目标构建基础

博士生培养目标的构建必须要考虑多方面的因素，其中包括具体的学科特性、所对应的行业发展及就业环境，以及高校自身的战略规划及其对该学科的发展定位等各个方面，同时，还需以国家层面的博士生教育目的为纲进行综合考虑。现就本书选取的案例进行具体分析。

一、选取案例的必要性与可行性

选择上海交通大学生物医学工程学科进行博士生培养目标构建尝试的主要原因包括三个方面。一是新学科。生物医学工程学科是我国研究型大学广为接受的新兴工科领域，与传统工科领域相比，博士生培养运行机制尚处于不断成熟的过程中，博士生培养目标设置有待完善。在调查的18所国内高校中，16所设置了生物医学工程专业一级学科博士点，其中7所被调查高校未公布相应的博士生培养目标，目标缺失率达43.8%，与其他学科相比，属于目标设置缺失率较高的学科。二是就职于工业界的博士毕业生占比高，出现学术界与工业界就博士生培养目标的理解产生差异的可能性较大。以上海交通大学生物医学工程学科博士毕业生2013—2017年的就业分布为例，就职于工业界的博士毕业生平均占比达71.4%，详见图6-1。三是获取信息的方便性。笔者现就职于上海交通大学,故而在开展研究的过程中能较为容易地获取上海交通大学生物医学工程学科博士生培养的相关信息与资料。

总的来说,上海交通大学生物医学工程学科博士生培养目标的设置较为简略,表达出的有效信息不太完整,仍有进一步改善的空间,具体详见后续分析。

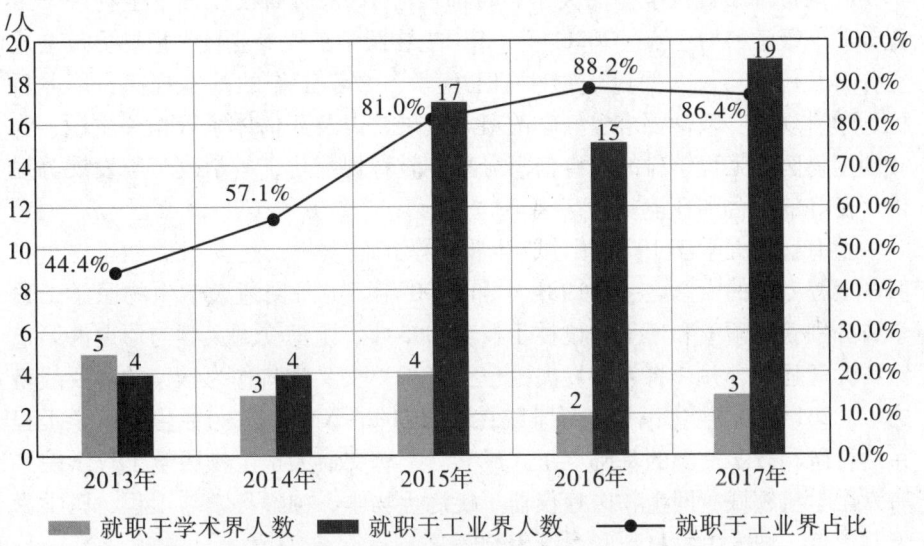

图6-1 上海交通大学生物医学工程专业博士毕业生就业分布

二、生物医学工程学科及其教育

生物医学工程兴起于20世纪50年代,而生物医学工程学这个概念最早起源于美国。1958年,美国成立国际医学电子学联合会,后于1965年改为国际医学和生物工程联合会,也就是后来的国际生物医学工程学会。①

生物医学工程学科是一门由理、工、医相结合的交叉学科。它是运用现代自然科学及工程技术的原理与方法,从工程学角度,在多层次维度上研究人体的结构、功能及其相互关系,揭示其生命现象,为疾病的预防和治疗提供新的技术手段的一门综合性、高技术学科。②

---

① 张海生,张瑜. 多学科交叉融合人才培养的现实问题与发展策略:基于12所高校生物医学工程专业人才培养方案的文本分析[J]. 重庆高教研究,2019,7(6):1-13.
② 王婷,陈功. 生物医学工程专业毕业生就业分析及探讨[J]. 医疗卫生装备,2015,36(9):144-146,152.

生物医学工程学科教育，最早可追溯至20世纪60年代。美国最先开启生物医学工程学科的研究生教育，目前已有110余所美国高校或科研机构设置了生物医学工程专业一级学科博士点，其中73所获得美国工程与技术认证委员会的认可。① 我国的生物医学工程学科教育始自20世纪70年代末，如清华大学、上海交通大学、中国科技大学、西安交通大学和东南大学等，都是我国首批设置该学科的大学，目前已有70余所高校设置了生物医学工程专业一级学科博士点。2006年，我国生物医学工程专业教学指导委员会成立并召开首次会议，探讨生物医学工程学科教学工作的基本规律、培养目标、学科规范、教学要求、教学改革与发展，以及评估体系等相关主题，为我国生物医学工程学科的教育信息分享、教育规范化、教学改革与发展等提供了良好的平台和环境。②

上海交通大学于1979年建立生物医学工程学科，是全国最早建立生物医学工程专业的大学之一。1981年和1990年，上海交通大学生物医学工程学科分别获得硕士和博士学位授予权。2005年，上海交通大学与原上海第二医科大学强强合并，将大力发展医—工（理）交叉学科作为学校的主要战略之一。2011年，生物医学工程学院在整合Med-X研究院与原生物医学工程系的科研和教学资源的基础上正式成立。上海交通大学生物医学工程学院共有六个学科领域，即生物医疗仪器、疾病生物学、神经科学与工程、医学影像与信息、纳米生物材料和系统生物医学等。

三、生物医学工程领域的就业及其行业发展

生物医学工程专业的学科特性使生物医学工程学科的就业环境富于多样化和交叉性。经统计发现，生物医学工程学科主要的就业方向是医疗设备/器械、制药/生物工程、医疗/护理/卫生、新能源以及仪器仪表/工业自动化等领域；同时，高校及科研院所、医疗器械和仪器公司以及医院已成为该学科博士毕业生就业的首选单位。也就是说，生物医学工程学科博士毕业生的就业选择很丰富，他们可担任软（硬）件研发工程师、测试工程师、算法工程师、质量工程师、电气设计师，甚至就职于政府部门或金融机构。

生物医学工程领域所对应的行业被认为是21世纪最活跃的新经济增长

---

① 陈月明，高天昀，杨润怀. 新工科下人才培养体系建设的探索与实践：以生物医学工程学科为例 [J]. 教育观察，2018，7（21）：8—11.

② 吉奕. 生物医学工程专业特色教育的培养模式与培养方案的改革与实践 [J]. 当代教育实践与教学研究，2017（6）：198.

点和最被看好的朝阳产业之一。① 随着我国经济的迅猛发展以及国家对医疗器械技术创新的大力扶持,该行业在未来 10~15 年,将迎来跨越式发展的"黄金时代"。② 医疗设备和疾病诊断技术已日益引起社会的广泛关注,因此,熟悉生物检测诊断、生物医用材料和有源医疗器械专业知识的生物医学工程学科博士人才,将是未来"大健康"行业发展浪潮的主力军。③

由图 6-1 可以发现,上海交通大学生物医学工程学科的博士毕业生主要就职于工业界,近些年来,这一趋势愈发显著,就职于工业界的占比高达 80%以上。经统计发现,在上海交通大学生物医学工程学科的博士毕业生中,有些就职于国内自主知识产权的医疗器械公司,如深圳迈瑞生物医疗电子股份有限公司、上海联影医疗科技有限公司、深圳蓝韵医疗科技有限公司和江苏鱼跃医疗设备股份有限公司等;有些就职于跨国医疗器械公司,如通用医疗设备有限公司、西门子医疗器械有限公司和飞利浦医疗器械有限公司等;除上述生物医学工程领域的龙头企业外,还有些就职于中小型民营企业。由此可见,上海交通大学生物医学工程学科博士毕业生大多就职于以研发为主,注重创新和团队合作的高新技术企业。

四、高校及学科的发展战略与定位

自 1896 年建校至今,上海交通大学已跨越三个世纪成为我国历史最悠久的高等学府之一,同时,也成为国家"985 工程"首批高水平大学之一,并在国家"双一流"建设中被确定为一流大学建设高校。

在博士生培养方面,上海交通大学把"立德树人、提高质量"作为博士生教育的根本任务,旨在培养具有宽阔视野、科学精神、创新能力的未来学者和行业领袖。工科领域是上海交通大学的传统优势学科领域,提高博士生创新创业和对接国家重大需求、重点行业的能力,是学校关注工科领域学术型博士生教育的重点。对于生物医学工程专业这个学科来说,虽未能入选上海交通大学"双一流"学科,但该学科以生物医疗仪器、神经科学与工程、医学影像与信息和纳米生物材料等为重点建设的四个学科方向对标世界一流

---

① 张海生,张瑜. 多学科交叉融合人才培养的现实问题与发展策略:基于 12 所高校生物医学工程专业人才培养方案的文本分析 [J]. 重庆高教研究,2019,7 (6):1-13.

② 陈月明,高天昀,杨润怀. 新工科下人才培养体系建设的探索与实践:以生物医学工程学科为例 [J]. 教育观察,2018,7 (21):8-11.

③ 刘娇娜. 医科类院校新设专业学生就业工作探索与实践:以沈阳药科大学生物医学工程专业为例 [J]. 世纪桥,2016 (3):67-68.

大学，旨在培养具有全球化视野、拥有崇高理想和创新思维、具备坚实的专业基础，能兼容并蓄不同学科的复合型博士人才。

通过上述分析可以发现，一方面，生物医学工程学科具有综合性、高技术性和交叉性等学科特性，其所对应的企业大多是以研发为主，注重创新和团队合作的高新技术企业；另一方面，作为一流大学建设高校的上海交通大学，将其所培养的博士人才定位为未来学者和行业领袖，其中的生物医学工程学科对标世界一流大学学科建设旨在培养复合型博士人才。这些都是分析和构建上海交通大学生物医学工程学科学术型博士生培养目标的基础。

第二节 选取案例的目标设置现状分析

一、目标内容的文本分析

目前，上海交通大学生物医学工程学科博士生培养目标设置的具体内容是："依托交大强大且基础雄厚的工科和医学背景，着力培养在生物、医学、工程技术领域中具有开展学科交叉能力的，有创新精神的，能在生命科学实践中应用物理、材料、化学、信息、工程等领域的技术和知识的创新型交叉学科人才。"运用要素提取的文本分析法，将上述博士生培养目标的具体内容进行语义分解与要素提取，具体过程见图6-2。

博士生培养目标具体内容的分解	期望要素的提取
依托交大强大且基础雄厚的工科和医学背景，着力培养在生物、医学、工程技术领域中具有开展学科交叉能力的，有创新精神的（接后）	跨学科的知识与能力 科研创新能力
能在生命科学实践中应用物理、材料、化学、信息、工程等领域的技术和知识的创新型交叉学科人才	保持工程与学术互动的能力

图6-2 上海交通大学生物医学工程专业博士生培养目标的要素提取

由图6-2发现，通过对上海交通大学生物医学工程学科博士生培养目标进行语义分解，总计提取3个博士生培养目标要素。与"目标要素清单"相比，该学科博士生培养目标主要覆盖了部分的"掌握学科知识的能力""创新能力"以及"迁移能力"等。事实表明，目标设置比较注重生物医学工程专业的学科特性，即高度综合的交叉性，但在其他方面，如"团队能力""学习能力""表达能力""思维能力"和"企业胜任力"等均未提及，甚至连2004年修订的《学位条例》中关于博士学位授予的3个核心要求，也未能被全部纳入培养目标的设置中。

二、目标设置原则的分析

根据目标设定理论和目标管理理论及其现实意义，结合博士生教育的自身规律、访谈调查和现状分析的基本结果，本书提出在构建我国研究型大学工科领域学术型博士生培养目标过程中应遵循的四项主要原则，即明确性、挑战性、时效性和反馈性。以此对照上海交通大学生物医学工程学科博士生培养目标时，可以发现：

其一，在目标设置的明确性方面，上海交通大学生物医学工程学科博士生培养目标的设置具有两面性。一方面，像"……能应用物理、材料、化学、信息、工程等领域的技术……"这种目标描述，明确了该学科所需要的跨学科知识来自物理、材料、化学、信息和其他工程领域等，即在跨学科知识的构成上体现出一定的明确性；另一方面，像"……创新型交叉学科人才……"这种目标描述，在表达具体能力要求时较为宏观、抽象和笼统，虽具一定的目标引导性，但仍使该学科的博士生及其导师无法从这样的目标要求中清晰地理解博士生应具备怎样的具体表现，才能实现上述的博士生培养目标。可以看到，"目标要素清单"中"创新能力"更具体明确地细化为"科研创新能力""思维创新能力""技术创新能力"和"为产品创造新价值的能力"等具有不同重要程度的4个目标要求。与此相较，若上海交通大学生物医学工程学科能根据自身定位和需求，在构建博士生培养目标时对"……创新型交叉学科人才……"进行更具体的细化，则将更有助于其博士生培养目标明确性的提高。

其二，在目标设置的挑战性方面，笼统的目标要求增加了目标设置的含糊性，也使目标的挑战性更难以把握。如"……创新型交叉学科人才……"这样的目标描述，到底是易于实现、不具挑战性的培养目标，还是挑战性很大、易使人丧失完成信心的培养目标呢？可以看到，"目标要素清单"中的目标要求更具体明确，从而使博士生及其导师更易判断该目标要求的挑战性，以及时调整好应对目标要求的心理准备，提高实现目标要求的成功率。"目标要素清单"从11个大的目标要求方向上细化出61个更具体的目标内容，且每个目标内容与意义之间能形成一对一的明确关系，那么若结合这样的目标内容而完成对上海交通大学生物医学工程学科博士生培养目标的构建，则将更有助于博士生及其导师对所在学科博士生培养目标的把握。

其三，在目标设置的时效性方面，上海交通大学生物医学工程学科博士生培养目标设置中的时间效度不明显，如"……创新型交叉学科人才……"和"……有创新精神的……"等这样的目标要求，很难体现出博士生培养目标的完成进度，且其阶段性成果的展示也不明显。另外，由于目标要求中存在的笼统性，而使不同的博士生及其导师对其完成情况将产生不同的主观理解。例如，在博士生培养过程中，同样的绩效表现，对某些博士生及其导师来说算是完成了上述目标要求；而对另外一些则尚觉远远不够，特别是某些博士生在面对培养目标时容易感到茫然，也容易产生挫折感，甚至感到该目标很难实现而信心不足、动力匮乏，以致主动放弃。与"目标要素清单"相比，其中的"软实力"就通过 10 个更细化的目标要求来试图提高整体博士生培养目标的时效性。事实上，时间成本是博士生培养过程中较为敏感的因素之一，博士生培养目标设置中明确的时间效度和适当的挑战性，都将更有助于博士生对培养目标的坚持，避免博士生及其导师由于过于注重时间成本而忽视时间效度不明确的博士生培养目标要求，使其形同虚设。

其四，在目标设置的反馈性方面，培养目标的笼统与含混不仅弱化培养目标的激励效果及其指导作用的发挥，同时也很难根据其阶段性成果，在培养目标实现过程中及时给出相应反馈。通过分析上海交通大学生物医学工程学科的博士生培养方案，可以发现，该方案仅列示了博士生培养过程中必修的课程清单，但诸如这些课程安排与该学科博士生培养目标之间是否存在必然的对应关系，以及课程完成结果是否能准确反馈出类似"……强大且基础雄厚的工科和医学背景……""……创新型交叉学科人才……"和"……有创新精神的……"这样的目标要求的实现程度等方面的问题还不够明确。与"目标要素清单"相比，意义单一且更具体明确的目标要求，不仅将更有助于把握博士生培养目标的阶段性成果，而且将更有助于改善培养目标的反馈性。

第三节　选取案例的目标构建尝试

在深入理解上海交通大学生物医学工程学科的学科特性、历史与现状，以及相关高校的发展特点和相关行业的特别要求的基础上，遵循我国研究型大学工科领域学术型博士生培养目标构建的四项主要原则，本书将从"目标要素清单"中选择性地采集相应的目标要求，进行个性化的定制、调整，尝试构建上海交通大学生物医学工程学科的博士生培养目标。

一、目标意义的阐释与构建

(一) 从国家层面博士生培养的总目标出发,遵从统一规范

根据《中华人民共和国高等教育法》和《中华人民共和国学位条例》的相关规定,我国博士生教育强调的是培养学术型人才与应用型人才并举,但以培养学术型人才为主,并通过3个方面加以体现,即基础理论和专门知识、研究能力,以及创新性成果。在构建具体学科博士生培养目标时,仍需以上述博士生教育目的为纲,从国家层面博士生培养的总目标出发,使该学科的博士生培养能满足国家层面对博士人才的基本期待,遵从统一规范。本书认为上海交通大学生物医学工程学科博士生培养目标应至少包含3个方面的目标要求,即"掌握学科知识的能力""研究能力"和"创新能力"等。

1. 学科知识理论

根据从国家层面对博士生培养总目标提出的能力要求,博士学位获得者应具备足够深厚的知识,即博士要精通本学科领域的高深知识,并在此基础上超越这些知识的表面,充分理解本学科领域潜在的分歧、相互抵触的范式以及公认的"正确方法"所产生的认知局限性等。[①] 也就是说,对于生物医学工程学科领域的高深知识,该学科博士学位获得者应能全面、深入而理性的把握。因此,可考虑将"目标要素清单"中的"学科知识理论"纳入该学科博士生培养目标设置的能力要求中。

2. 研究能力

研究能力是博士学位获得者获得雇佣的核心竞争力之一,也是从国家层面对博士生培养总目标提出的能力要求之一。生物医学工程学科是不同学科领域的交互渗透,但仍具有其本学科领域相对明确的研究目标与问题、稳定的研究内容和清晰的研究边界。[②] 通过交叉学科的博士生培养,生物医学工程学科博士学位获得者不仅能从更丰富的视角看待本学科领域的研究问题,而且能形成鉴别、比较、联系和综合多学科领域知识的研究能力。因此,可考虑将"目标要素清单"中的"总结归纳文献观点的能力""明确研究方法的能力""明确研究问题的能力""整体把握研究过程的能力""开展实验的

[①] 胡德鑫,金蕾莅,林成涛,等. 我国顶尖研究型大学工科博士职业选择多元化及其应对策略:以清华大学为例 [J]. 中国高教研究, 2017 (4): 72-77.

[②] 王淑芳,宋存江,丁丹,等. 应对多学科交叉融合对复合型人才培养提出的新挑战 [J]. 高校生物学教学研究 (电子版), 2016, 6 (2): 7-9.

能力""提出质疑或建议的能力""合理分析数据的能力"和"明确研究意义的能力"等纳入该学科博士生培养目标设置的能力要求中。

3. 创新能力

创新能力是博士学位获得者获得雇佣的核心竞争力之一,① 也是从国家层面对博士生培养总目标提出的能力要求之一。不过,对于工业界来说,创新能力具有一种更现实的考虑。正如有访谈对象所谈到的:

> 我们现在的这个以论文牵引的这个创新的导向,是学术的创新,只要你有一点儿跟别人不一样,你能把它证明清楚就可以了,你一定要去想跟别人不一样的地方,找到一些不同的,至于这个不同到底有多大的意义,或者说你的前提条件是不是合理的?你的假设条件成不成立?好多东西,我们不一定在学术研究的时候会关心这个事情。但是在工程上,往往要考虑很多现实的约束条件,在各种约束条件下,你要完成一个可实现的创新又不一样,从这个维度来说呢,目的就是不同的,但是在这个强化创新的导向上,是一致的。(E7)

可见,工科领域学术型博士生的创新能力不应只是局限于传统的科研创新,还应覆盖更多层面。因此,可考虑将"目标要素清单"中的"科研创新能力""思维创新能力"和"技术创新能力"等纳入该学科博士生培养目标设置的能力要求中。

(二) 从具体的学科特性出发,探索博士生培养的差异化发展

作为相对独立的知识体系,不同学科具有特定的知识范畴。② 以高深知识为主要研究对象的学科,通过知识专业化过程,逐步确立不同知识领域之间的边界,产生不同的学科特性。随着知识生产的不断分化与发展,由于专门化知识领域而界定的不同学科,往往形成具有自洽性的知识体系、方法体系、学术评价体系、典范的培养体系与工作体系。③ 在面对不同特征的学科知识时,所施行的教育及所设置的培养目标也应在尊重学科特性的基础上探索差异化的发展,只有这样,才能使教育的效果和受教育者的收益实现最大化。故而本书认为,从生物医学工程学科高度交叉的学科特性出发,上海交

---

① 梁兰,张怀岑,何青,等. 生物医学工程专业学生创新能力培养的探讨 [J]. 教育教学论坛,2016 (20):49 - 50.

② 贾莉莉. 尊重学科差异性,重构学术评价制度 [J]. 大学(研究与评价),2009 (Z1):24 - 27.

③ 赵炬明. 学科、课程、学位:美国高等教育专业研究生培养的争论及启示 [J]. 高等教育研究,2002 (4):13 - 22.

通大学生物医学工程学科的博士生培养目标应关注博士生在知识跨界以及"迁移能力"等方面的培养。

1. 跨学科的知识与能力

美国约翰斯·霍普金斯大学曾在描述生物医学工程学科的博士生培养特点时形象地提到，如果在河的两岸没有坚实的基础，桥是无法站立的。对于生物医学工程这样一座建立在生命科学和工程学两个不同学科之间的桥来说，它的发展要求从事这个行业的人必须在这两个领域里都有深入的了解。鉴于生物医学工程学科的交叉学科特性，对该学科博士学位获得者来说，除掌握本学科所覆盖的相关学科领域的基本原理、方法和手段外，知识整合与知识跨界能力等也都显得格外重要。因此，可考虑将"目标要素清单"中的"跨学科的知识与能力"纳入该学科博士生培养目标设置的能力要求中。

2. 迁移能力

生物医学工程学科所覆盖的研究领域非常广泛，其中包括生物医学信息、生物材料、组织和基因工程、康复工程、生物医学电子、生物医学仪器、临床工程、生物纳米技术、细胞、系统生理学、神经工程、仿生学、生物力学和医学成像等。每个研究领域又含有若干细小的分支和丰富的主题。可见，生物医学工程学科提出的研究问题在涉及面及复杂程度上，都超越某个单一学科或行业所能应对的范畴。因此，需要通过构筑一个更具综合性的视角来整合各个学科视角下的知识与理解。[①] 故而可考虑将"目标要素清单"中的"融会贯通的能力/知识的整合"纳入该学科博士生培养目标设置的能力要求中。

随着各种新技术、新方法和新思路的涌现及其在人类健康领域中的应用，生物医学工程产业已成为当前世界经济发展最快、世界贸易额增长速度最高的产业之一，市场规模达1 000亿~2 000亿美元。[②] 可见，本身的学科特性以及当今的社会背景，都使生物医学工程学科格外注重与外部工业界的密切联系。该学科的博士学位获得者必须能从工程系统的角度出发，运用多种工程技术手段与方法，寻求解决现实中复杂问题的方案。[③] 因此，可考虑

[①] GAFF J G, RATCLIFF J L. Handbook of the Undergraduate Curriculum: A Comprehensive Guide to Purposes, Structures, Practices and Changes [M]. San Francisco: Jossey-Bass Publishers, 1996: 393.

[②] 谢申菊. DiscovergVH的符合成像原理及其质量控制 [J]. 医疗设备信息, 2006, 21 (9): 32-34.

[③] 陈洪波. 企业和医院融入生物医学工程专业人才培养机制与实践 [J]. 教育教学论坛, 2016 (42): 1-3.

将"目标要素清单"中的"保持工程与学术互动的能力"和"了解相关工业领域的能力"等纳入该学科博士生培养目标设置的能力要求中。

（三）从高校及学科的自身需求出发，培养符合其发展战略与定位的博士人才

由于不同的发展历史、研究方向及地理环境等相关因素，不同高校及其学科在博士生培养目标上会做出差异化的定位，从而培养出满足不同需求的博士毕业生。上海交通大学以培养"未来学者和行业领袖"为学校层面开展博士生教育的根本任务，那么，该校具有国内先发优势的生物医学工程学科，在设置博士生培养目标时必须具备培养未来行业领袖的雄心与气魄，进而所培养出来的博士人才也必须能站在学术界和工业界的前沿领域，发挥前瞻性的领导作用，因此，博士生的"学习能力"和"思维能力"就显得格外重要。另外，该校生物医学工程学科博士生培养目标旨在培养"复合型博士人才"，那么，所培养出来的博士人才除具备深厚的知识基础和扎实的研究能力外，还应展现更多不同的能力素质，如"团队能力""表达能力"和"沟通与交流的能力"等。因此，本书认为，上海交通大学生物医学工程学科博士生培养目标应至少包含5个方面的目标要求，即"学习能力""思维能力""表达能力""沟通与交流的能力"和"团队能力"等。

1. 学习能力

生物医学工程学科覆盖的研究领域众多，每个领域的新知识、新方法和新技术都在不断涌现，[①] 这本身就对该学科的博士生教育提出了挑战。另外，要想培养出"未来学者和行业领袖"，该学科的博士学位获得者必须具备强大的知识更新能力，且该能力应贯穿于其职业发展生涯的始终。正如一位毕业于上海交通大学生物医学工程学科且目前就职于某医疗器械行业国内知名企业的博士，在访谈中所谈到的那样：

进入企业的博士必须能够很快地适应身份的转换，很快地吸收各方面的知识和技术，因此，他们强大的学习能力是必不可少的。（E6）

因此，可考虑将"目标要素清单"中的"终生学习的能力""认识并理解不同文化的能力"和"快速学习的能力"等纳入该学科博士生培养目标设置的能力要求中。

2. 思维能力

美国华盛顿大学的凯瑞姆（Alvin L. Kwiram）认为："博士学位获得者的

---

① 李小慧，武灵芝，吴建盛，等. 工科院校生物医学工程专业生物学实践教学改革与实践 [J]. 教育教学论坛，2016（7）：75-76.

基本素养就是要展现出在创新、独立进行批判性思考和提出深刻质疑等方面的学术进步。因此，博士生培养目标要帮助他们形成某种'思维习惯'，并获得适当的相关技能，从而成长为特定学科领域无可挑剔的专家。"[1] 以"未来学者"为目标的生物医学工程学科博士生培养，必须要遵从学术型博士生教育发展的内在逻辑和全世界范围内对博士生教育基本宗旨所达成的超越学科差异的共识。故而可考虑将"目标要素清单"中与迁移能力相关的"系统思维能力"，以及与学术发展相关的"批判性思维能力"和"逻辑思维能力"等纳入该学科博士生培养目标设置的能力要求中。

3. 沟通与交流的能力

生物医学工程学科的学科交叉并不意味着仅是多个学科的简单相加，而是需要运用具体而多元的知识内容，处理和解决现实世界中的复杂问题，[2] 这里不仅是知识技能的整合，更是复杂的沟通与交流过程。同时，生物医学工程学科博士学位获得者必须是在当今全球化的背景下，能准确而全面地把握该学科领域研究问题的"复合型博士人才"，因此，可考虑将"目标要素清单"中的"有效沟通的能力"和"国际交流能力"等纳入该学科博士生培养目标设置的能力要求中。事实上，采集这样的目标能力要求也与生物医学工程学科领域及其行业的特殊性密切相关。

4. 表达能力

为实现"沟通与交流的能力"的目标要求，必须对有效的"表达能力"也提出相应的目标要求。一方面，有效表达需要做到简洁、清晰、易于理解和具有说服力；另一方面，也需要对表达过程中的语言应用能力提出相应的目标要求，这里不仅涉及母语应用，还包括国际交流过程中的外语应用。另外，无论是培养"未来学者和行业领袖"还是"复合型博士人才"，学术界和工业界都需要博士学位获得者能选择适当的表达形式，完整而条理清晰地表达自己的观点。因此，可考虑将"目标要素清单"中的"准确表述观点的能力""有效表达的能力"和"语言能力"等，以及"目标要素清单"以外用于个性化调整的补充参考（详见附录六）中的"选择适当表达形式的能力"纳入该学科博士生培养目标设置的能力要求中。

---

[1] 戈尔德，沃克. 重塑博士生教育的未来 [M]. 刘俭，译. 上海：上海交通大学出版社，2015：122.
[2] 李小慧，武灵芝，吴建盛，等. 工科院校生物医学工程专业生物学实践教学改革与实践 [J]. 教育教学论坛，2016（7）：75 - 76.

5. 团队能力

随着生物医学工程学科的学科发展、重大社会问题的不断解决，以及越来越多创新性成果的日益出现，多学科专家学者的通力合作与交流是不可或缺的。特别是，作为"行业领袖"领导团队发挥团队作用的能力是很重要的。正如一位有着机械、电子等学术背景的生物医学工程学科博士生导师所谈到的那样：

> 我们这个专业生源的学术背景很多元，有些来自机械工程学院，有些来自材料工程学院，还有些来自电信学院。他们都聚在同一个实验室学习，需要和不同背景的人沟通，这里可能涉及养动物的、涉及做动物实验的，还有数据分析的，还有比方说，做信号的，但是我这个结果需要用免疫组织分析的人去验证等等。所以学生必须要跟那些人去合作，这是一个，我觉得是相对于其他学科更明显的一点。(S5)

现在越来越多的事实证明，各学科中的高级研究，越来越不可能由个体学者单打独斗地完成，① 作为以交叉学科特性见长的生物医学工程学科更是如此，可见，该学科博士生的团队合作能力、沟通与交流能力等都是非常重要的。故而可考虑将"目标要素清单"中的"团队合作能力"纳入该学科博士生培养目标设置的能力要求中。

（四）从博士生职业发展状况出发，培养更多适应工业界诉求的博士人才

虽然越来越多的工科领域学术型博士毕业生选择就职于工业界，但教育与就业错位的现象仍然存在。一方面博士毕业生很难适应工业界的职场要求，另一方面工业界也很难找到理想的博士人才。在意识到工科领域学术型博士毕业生就业多元化的大趋势下，培养目标的设置不能忽视这样的现实需求，并适时做出相应的调整，从而提高工科领域学术型博士毕业生就职于工业界的可雇佣性，培养更多适应工业界诉求的博士人才。因此，本书认为，上海交通大学生物医学工程学科博士生培养目标应关注博士生在"软实力"和"企业胜任力"等方面的培养。

事实表明，生物医学工程学科的博士生培养，必须要兼顾科研发展和产业发展的双重需求，② 并为博士学位获得者就职于学术界和工业界做好充分准备。包括未来及国际视野、伦理观念、自我认识、时间管理和企业经验等

---

① 陈洪波. 企业和医院融入生物医学工程专业人才培养机制与实践 [J]. 教育教学论坛，2016 (42)：1-3.

② 刘慧强，樊孝喜，段颖妮，等. 探讨"医工结合"对生物医学工程专业发展的现实意义 [J]. 教育现代化（电子版），2017，4 (31)：36-37, 62.

在内的"软实力"和"企业胜任力"恰恰对该学科博士生培养提出了较全面的目标要求。正如一位来自工业界的访谈对象所谈到的那样：

技术能力是博士生的基础，而综合素质能力这块儿，应该是他能够把这个事儿干好的关键。(E7)

由此可见，能体现出博士生综合/科学素养的"软实力"，以及能体现出可雇佣性的"企业胜任力"等都是生物医学工程学科博士生培养需要格外关注的重点。故而可考虑将"目标要素清单"中的"职业规划的能力""善于思考的能力""具备国际化视野""工程实践能力""时间管理能力/时间观念"和"考虑企业实际需求的能力"等，以及"目标要素清单"以外用于个性化调整的补充参考（详见附录六）中的"把握工作标准和规范的能力"等目标内容纳入该学科博士生培养目标设置的能力要求中。

综上所述，本书遵循博士生教育发展的内在规律，结合高校对博士生培养及其引领学科专业发展的整体定位、所在学科的学科特性和所在领域的行业及就业发展状况等，以"目标要素清单"为框架，根据我国研究型大学工科领域学术型博士生培养目标设置现状的调查结论，可尝试构建上海交通大学生物医学工程学科博士生培养目标，具体如下：

> 上海交通大学生物医学工程学科博士学位获得者应在4~6年的时间内：
> - 具备正确的政治方向、优良的品德和健康的身体；
> - 掌握生物医学工程学科及相关学科的知识理论；
> - 具备独立开展科学研究的能力；
> - 能保持工程与学术的互动和知识的融会贯通；
> - 具备在科研、思维和技术上的创新能力；
> - 具备终生学习能力；
> - 善于沟通与有效表达；
> - 具备系统性、逻辑性和批判性思维；
> - 具备相应的企业胜任力；
> - 具备国际化视野、团队合作、时间管理等素养。

二、目标构建的比较与分析

根据上海交通大学生物医学工程学科博士生培养目标的构建尝试，本书运用相同的文本分析法，从上述目标构建尝试中提取相应的目标要素，以"目标要素清单"为框架，进行目标构建尝试的比较与分析，具体的提取情况如表6-1所示。

表 6-1 目标构建尝试的目标要素提取情况

目标要素清单	博士生培养目标构建尝试中的目标要素
掌握学科知识的能力	• 学科知识理论 • 跨学科的知识与能力
研究能力	• 总结归纳文献观点的能力 • 明确研究方法的能力 • 明确研究问题的能力 • 明确研究意义的能力 • 开展实验的能力 • 合理分析数据的能力 • 整体把握研究过程的能力
沟通与交流的能力	• 有效沟通的能力
迁移能力	• 保持工程与学术互动的能力 • 融会贯通的能力/知识的整合
企业胜任力	• 职业规划能力 • 工程实践能力 • 时间管理能力/时间观念 • 把握工作标准和规范的能力（未在目标要素清单中） • 考虑企业实际需求的能力
创新能力	• 科研创新能力 • 思维创新的能力 • 技术创新能力
团队能力	• 团队合作能力
学习能力	• 终生学习的能力 • 快速学习的能力 • 认识并理解不同文化的能力
表达能力	• 有效表达的能力 • 选择适当表达形式的能力（未在目标要素清单中） • 语言能力 • 准确表述观点的能力
思维能力	• 系统思维能力 • 逻辑思维能力 • 批判性思维能力
软实力	• 善于思考的能力 • 具备国际化视野 • 保持思想、身体和心理健康

由表 6-1 发现，尝试构建的上海交通大学生物医学工程学科的博士生培养目标覆盖"目标要素清单"中全部 11 个大的目标要求方向，包括 34 个细化的能力要求，其中"把握工作标准和规范的能力"和"选择适当表达形式的能力"等来自"目标要素清单"以外用于个性化调整的补充参考，以体现上海交通大学从学校层面旨在培养"未来学者和行业领袖"以及从学科层面旨在培养"复合型博士人才"的目标定位。

总的来说，尝试构建的上海交通大学生物医学工程学科博士生培养目标体现了四个方面的优势。一是目标内容更丰富，且内容表达更清晰，无论是对培养者还是培养对象，甚至对未来的反馈者都有较明确的指向；二是目标要求更多地关注到来自工业界的需求，并通过相关的能力指标体现在具体的目标设置中；三是目标要素的细化以及目标内容保持单一意义的表达，提高了目标设置的明确性，且在表达方式上，既有较简洁的文字性描述，也有阐释更清晰的表格呈现，符合国内博士生培养目标表述相对简洁的共同特征；四是目标要求提出了"4~6 年"的培养期限，很好地体现了目标要求的挑战性和时效性。不过，由于本书的局限性，尝试构建的上海交通大学生物医学工程学科博士生培养目标并未获得普遍采用，其可执行性尚未可知。

第四节 案例借鉴与政策建议

博士生培养目标设置并不是对着"目标要素清单"做多项选择题，而是一个涉及方方面面的复杂过程。美国内布拉斯加大学林肯分校数学系制定博士生培养目标的某些做法，对其他学科设置博士生培养目标的整体工作流程，仍可超越学科的差异性而具有一定借鉴意义。因此，现以美国内布拉斯加大学林肯分校数学系为例，分析其目标设置的全过程，探索我国研究型大学工科领域学术型博士生培养目标设置的路径与工作流程，并提出相关政策建议。

一、案例介绍

2005—2006 年，通过参加美国卡内基教学促进基金会启动的"卡内基博士生教育创新计划"，美国内布拉斯加大学林肯分校数学系在制定博士生培养目标时改变了过去那种"博士生培养目标会很快沦为毫无意义的内容解释，而变成陈词滥调"[1]的状况，他们通过组织一系列的研讨会，集中讨论

---

[1] 梅基. 博士生教育评估：改善结果导向的新标准与新模式［M］. 张金萍, 娄枝, 译. 上海：上海交通大学出版社，2011：46.

诸如"我们是谁?""我们应该怎样做?"以及"我们为什么这样做"等对设置博士生培养目标至关重要的话题。

首先,在一系列研讨会上,他们要求参加研讨会的每位成员,结合本学科的历史发展、学科特性和基本定位,就目前本学科在读博士生的典型特征进行描述;然后在此基础上,就未来本学科博士毕业生的理想状态做出展望。因此,他们制定详细的研讨提纲,明确参加研讨会的目的,再提出与本专业博士生培养目标密切相关的三个核心问题;同时,为提高研讨问题的回答质量,围绕三个核心问题,他们给出思考这些问题的参考。这样的研讨提纲不仅能确保每场研讨会都紧扣主题,而且能不断地深入挖掘参加研讨会的每位成员的观点和想法,为本学科博士生培养目标的构建做好充分的准备工作。研讨提纲的具体内容详见图6-3。

实施本调查的目的在于研讨博士生培养目标与宗旨。对于教师而言,应当非常明晰地把握博士生培养过程的结构和内容,这样才能有的放矢地实施教学。请从以下几个方面描述、拓展、重新定义博士生培养目标。

请写出您心目中关于典型的在读博士生和理想中的博士毕业生应该是什么样的培养目标:

(1) 博士生在教育过程中可以获得怎样的技能、知识和思维习惯?
(2) 博士毕业生可以从事什么职业?
(3) 博士生在培养过程中应如何改变自己的学习课程?

回答上述三个问题可以从以下几个方面进行参考:
➢ 博士生掌握本学科领域知识的广度和深度,以及运用知识解决问题的能力。
➢ 博士生掌握的学术和科研技能,其中包括认识、发现并跟踪感兴趣问题的能力、评价他人工作的能力、运用合适的方法进行分析研究并得出结论、以书面和口头形式呈现结论的表达能力。
➢ 在各种情景下有效实施教学的能力。
➢ 熟知并能做好从事本学科领域相关行业工作的准备。
➢ 与本学科或其他学科的学术或科研人员开展合作的经历与能力。
➢ 对专业素养的熟知程度,能很好地均衡个人科研行为与对本学科领域乃至整个社会的责任,并得出符合专业特点和社会道德的结论。

图6-3 美国内布拉斯加大学林肯分校数学系关于博士生培养目标的研讨提纲

其次，在充分做好博士生培养目标设置前的准备工作之后，内布拉斯加大学林肯分校数学系开始组织一系列研讨会，研讨本学科博士生培养目标的设置。参加研讨会的成员是由若干博士生教育利益相关者组成，其中包括博士生导师、新近入职的年轻教师、本专业的学科带头人、博士生以及就职于非学术界的校友。在广泛讨论与征集小组建议与意见的基础上，内布拉斯加大学林肯分校数学系归纳总结出本学科的博士生培养目标，详见图6-4。

本系博士生培养目标在于造就能够保持专业完整性及学科活力的数学家和学者，并成为"数学领域的总管"，他既能掌握并发展数学文化，致力于数学知识的推广，又能准确定位数学知识在社会发展中的角色，促进数学知识的社会应用。

- 拥有宽厚的数学文献功底，不仅熟知数学科学的历史发展，而且了解数学科学各分支领域的演化过程。
- 大致了解数学在社会中的中心角色，其中包括数学科学对许多学科领域的人文影响，以及其他学科对数学科学发展的影响。
- 精深掌握数学领域内的某一专业知识，并对其形成系统性的文献综述。
- 了解并把握构成数学科学领域专业工作的各项道德原则。
- 形成成为某一数学团体现任或前任数学学者的成员意识，并对此团体的历史沿革有大致的了解。
- 致力于数学专业的发展，为本领域研究生乃至学者提供专业服务。
- 深刻理解数学理念之美和数学的力量，并能运用自如地向公众做出专业的解释和宣传。
- 掌握数学严谨、逻辑、精确的内涵，并以此帮助他人学会结合创造力和想象力。

图6-4 美国内布拉斯加大学林肯分校数学系博士生培养目标[1]

最后，内布拉斯加大学林肯分校数学系在构建博士生培养目标的同时，还制作出一份关于本学科博士毕业生职业发展前景的详细预测说明书，其中包括对本学科博士生培养目标的描述。每位博士新生在收到之后，需在整个攻读博士期间仔细阅读并做出相应评价，同时做好每学期期末接受进度检查的准备。除此之外，内布拉斯加大学林肯分校数学系还会定期跟踪访问那些

---

[1] 梅基. 博士生教育评估：改善结果导向的新标准与新模式[M]. 张金萍，娄枝，译. 上海：上海交通大学出版社，2011：47.

已不再参加评估调查的毕业生，无论他们是博士、硕士还是中途退学的学生，通过跟踪访问验证"我们是否提供并履行文件中希望的教育经历"，使内布拉斯加大学林肯分校数学系博士生培养目标不再束之高阁。①

二、借鉴与建议

（一）为目标设置做好充分的准备工作

在访谈博士生导师群体的过程中，根据访谈提纲，本书请每位访谈对象对"您是否了解您所在学科的博士生培养目标？"做出回答。结果显示，访谈对象大都了解所在学科的博士生培养目标，但仅有小部分访谈对象（13位学术界访谈对象中仅有2位，占比15.4%）对目标设置过程较为清楚和认同。通过访谈，进一步发现，各学科的博士生培养目标往往是经所在学科教学指导委员会集体讨论通过后形成的。对大多数博士生导师访谈对象来说，就博士生培养目标"为什么是这些内容"以及"这些内容是如何产生的"却不甚了解。少数博士生导师访谈对象即使参与目标设置的讨论，也认为"讨论不过是敷衍了事""讨论不过是一种文字游戏"或者"讨论不过是为取悦上级领导"等。这些现象也在一定程度上解释了在第五章现状分析中各被调查高校博士生培养目标缺失率偏高的原因。可见，对制定博士生培养目标过程的不重视使各培养单位无法为目标设置做好充分的准备工作。

博士生培养目标设置前的准备工作是关系到目标设置是否富于成效，是否能充分发挥目标的引领和指导作用的关键性第一步。就像内布拉斯加大学林肯分校数学系制定本学科博士生培养目标一样，首先，应在生物医学工程学院内部形成自上而下对设置博士生培养目标的高度重视，这不仅可提高目标设置的质量，避免目标缺失、目标敷衍了事的不良情况，而且还可加强对目标执行和目标反馈的效果。其次，应在生物医学工程学院内部形成广泛参与、积极思考的氛围，对制定博士生培养目标的研讨不应局限在仅有少部分人参与的小范围内，而应鼓励各种声音、各种意见和各种想法的涌现。最后，应在生物医学工程学院内部通过组织一系列研讨会，把对制定博士生培养目标的研讨落在实处，更重要的是，这些研讨会必须以紧扣主题、鼓励思考的研讨提纲为主线开展。只有通过对制定生物医学工程学科博士生培养目标的高度重视、形成广泛参与和积极思考的氛围以及组织一系列紧扣主题并落在实处的研讨会，才能真正做好该学科博士生培养目标设置前的准备工作。

---

① 梅基，等. 博士生教育评估：改善结果导向的新标准与新模式［M］. 张金萍，娄枝，译. 上海：上海交通大学出版社，2011：48.

（二）目标设置过程应多元参与、密集讨论

由访谈资料分析后发现，即使是经所在学科教学指导委员会集体讨论通过后的博士生培养目标，也仍存在着片面性的问题。其原因主要在于，教学指导委员会成员几乎全部来自学术界，甚至全部来自培养单位内部，这种单一的教职角色构成在目标设置过程中不可避免地忽视了来自培养单位以外的观点，如博士生、其他学科和工业界等。正如访谈资料分析中所显示的，学术界与工业界关于我国研究型大学工科领域学术型博士生培养目标的认识和理解，存在着明显的分歧。然而，工业界往往是当前工科领域学术型博士毕业生的重要就业选择之一，工业界的期待较大地影响着他们的职业发展、效能发挥和心理体验等。因此，吸引工业界参与工科领域学术型博士生培养目标的讨论，一方面可使目标设置本身兼顾工业界用人单位的意见，另一方面也可引导工业界积极参与工科领域学术型博士生的培养过程。

可见，参与制定生物医学工程学科博士生培养目标讨论的小组，应远远大于通常意义的教学指导委员会，小组的公开讨论不仅聚焦于该学科领域本身，还要深入到该学科领域之内，使博士生培养目标过去靠得更多的是对博士生教育理念的传统理解，现在应变成博士生教育利益相关者集体讨论并共同分享的愿景，从而更适应工科领域学术型博士生教育发展的现实需求。一方面，讨论目标设置的小组成员要多元化，以吸取并包容更多角色、更多阶层、更多视角的博士生教育利益相关者的观点和想法，使博士生培养目标更具系统性和全面性；另一方面，鼓励多元化小组成员的充分讨论与共同分享，可提高生物医学工程学院内部对博士生培养目标的共识度，使其更具可执行性和现实性。

当然，推进这种多元参与、密集讨论的过程是颇具挑战性的。一方面，在整个讨论过程的推进中，生物医学工程学院的组织者要不断提醒、鼓励博士生教育利益相关者围绕生物医学工程学科博士生培养目标思考关键性问题，而这些问题必须是表达明确、逻辑清晰的，如"本学科博士生教育的哲学基础和构成培养目标的每项因素是什么？""当前的培养项目中有哪些因素应当值得肯定并保留？又有哪些因素应当改变或取消？""博士生应具备哪些能力或素养以帮助他们做好从事本学科领域相关行业工作的就业准备？"和"运用哪些课程或手段以帮助博士生参与跨学科的交流并在团队合作中表现得更出色？"等等，通过讨论类似这些具体而明确的问题，能帮助生物医学工程学科构建自己的博士生培养目标。另一方面，在整个讨论过程的推进中，生物医学工程学院的组织者要不断加强各方对讨论本身的重视，不带利

益偏见，本着"愿意改变"的初衷，彼此信任、积极思考、充分对话，在平等而坦诚的氛围中分享各自的真知灼见以构建博士生培养目标。由此可见，讨论问题的清晰表述和讨论人员的积极态度是确保整个讨论过程得以顺利推进的关键因素。在多元参与、密集讨论形成生物医学工程学科博士生培养目标的过程中，应努力把握好上述关键因素，从而获得更理想的目标构成。

（三）通过跟踪调查获得目标完成情况的积极反馈

目标的反馈性，即目标的可考核性，直接关系着博士生培养目标设置的效用。一般来说，目标反馈本身就是比较难以实现、难以把握的。首先，为了提高目标的反馈性，在目标设置的过程中，应尽量选择具体而明确的表达方式，或将笼统的描述进行分解，用更具体的目标要求予以替代。例如，一般来说，博士生培养目标都非常关注博士生的研究能力，但在具体表述上又往往一带而过，就像本书所调查的上海交通大学生物医学工程学院的博士生培养目标，关于博士生研究能力的表述是："……具有开展交叉研究能力……，……解决生命科学问题的……"可见，这样的表述给目标的考核与反馈带来困难。在现实的教育情境中，生物医学工程学科的博士生具备哪些表现可算是达到上述研究能力的目标要求呢？正因如此，在目标构建尝试中，关于上海交通大学生物医学工程学科博士生的研究能力，共分解成7个方面，如"研究问题""研究方法""研究现状""研究规范""研究过程"和"研究实验"等，而每个方面又有更明确、更具体的目标要求描述。因此，在考核博士生的研究能力时，可从这7个甚至更具体的方面入手，避免目标要求的笼统性，提高博士生培养目标的反馈性。

其次，某些博士生培养目标要求因其本身所具有的抽象性而难以考核，如关于"思维能力"和"软实力"等方面的目标要求。在此情况下，生物医学工程学院可以通过整体把控博士生培养方案的形成过程，提高培养目标的反馈性。这样的整体把控过程可分为四个步骤：一是本学科专业的全体师生就本学科的未来发展进行深入思考与讨论：在可预见的未来，本学科专业将会遭遇哪些重要的机遇和挑战？二是本学科专业的全体师生共同确定，在本学科的未来发展中，对博士生来说，哪些知识、能力以及素养是至关重要的？三是在深入思考上述问题的基础上，本学科专业的全体师生共同构建博士生培养目标框架，明确其对博士生所抱有的期望。四是以博士生培养目标为纲，具体设计培养方案，以使培养目标要求能切实地在培养方案中得到贯彻与实施。① 经此过程所形成的博士生培养方案具有更强的目的性和可考核性。另外，生物医学工程学院及其全体师生还应定期反思博士生培养方案的设计与功效，使其制定的各个环节背后的理念变得更清晰、更明确。

最后，为更好地提高博士生培养目标的反馈性，生物医学工程学院可借鉴美国内布拉斯加大学林肯分校数学系的相关做法，在整个博士生培养阶段建立一种更互动的过程评价法。同时，为使过程评价法能更好地发挥作用，生物医学工程学院还可借鉴档案袋评价法。所谓档案袋评价法，是指教师和学生有意识地将培养过程中各种有关学生表现的信息与材料收集起来，通过合理的分析与解释，反映学生在学习与发展过程中的努力程度、进步状况或成就水平，并以此来检验学生是否完成了既定的培养目标。② 2002 年，美国宾夕法尼亚州立大学发起了一项电子档案袋评价活动的倡议，并取得了良好成效，"博士生不仅积极参与学习，更积极参与到评价中来，他们愿意在实现博士生培养目标的过程中承担更多责任"③。可见，博士生能从档案袋评价过程中获得关于自己学习结果的反馈，并从中受益，而目标的反馈性也经此过程而获得了较大的提高。

总的来说，上海交通大学生物医学工程学院在设置博士生培养目标时，应在充分理解生物医学工程学科专业的历史发展、学科特性和基本定位的基础上，高度重视博士生培养目标的设置，打造集思广益的讨论氛围，做好博士生培养目标设置前的充分准备。通过多元参与、密集讨论的博士生培养目标设置过程，既要在学术界之内打破学科壁垒，广泛采纳其他相关学科的建议；更要打破学术界本身的桎梏，积极聆听学术界之外的声音。深入挖掘博士生教育利益相关者的观点与想法，以及博士生培养目标的核心理念，在获得广泛共识的基础上，通过对目标要求的明确描述，更好地发挥博士生培养目标的引领和指导作用。最后，运用跟踪调查的方式形成过程性评价，以进一步提升博士生培养目标设置的成效与反馈性。

---

① 戈尔德，沃克. 重塑博士生教育的未来［M］. 刘俭，译. 上海：上海交通大学出版社，2015：149.

② 张平，张影. 教学档案袋评价的基本原理及其在美国高校中的应用：以内布拉斯加大学林肯分校教学档案袋评价为例［J］. 桂林航天工业学院学报，2015，20（3）：355 – 361.

③ 梅基. 博士生教育评估：改善结果导向的新标准与新模式［M］. 张金萍，娄枝，译. 上海：上海交通大学出版社，2011：57.

本 章 小 结

　　本章以上海交通大学生物医学工程学科为例，通过分析该学科的发展历史、现状及学科特色，学校及其学科发展的战略定位，以及生物医学工程学科相关行业的就业及职业发展状况，以"目标要素清单"为框架，遵循目标构建的四项主要原则，对上海交通大学生物医学工程学科博士生培养目标进行构建尝试。与上海交通大学生物医学工程学科博士生培养目标设置的现状相比，上述构建尝试涵盖了"目标要素清单"中全部的 11 个大的目标方向，以及 34 个细化的能力要求，对该学科博士毕业生提出了更全面、更具个性化、更具引领作用的目标要求。然后，通过借鉴与分析部分国外高校构建博士生培养目标的实践案例，探索我国研究型大学工科领域学术型博士生培养目标设置的路径与工作流程，并从目标设置、执行和反馈三个环节出发，给出目标设置过程中的政策建议。

第七章 结　语

　　博士生教育是学历教育的最高层次。自 13 世纪诞生以来，博士生教育从培养大学教师，到纯理论研究者或科学接班人，再到学术兼顾的专家型人才，无论时代变迁如何演进，都在不断努力探寻着"应该把博士生培养成什么样的人"这一核心问题的答案。博士生教育的目标定位，集中体现了人们对博士生教育功能的认识，是博士生教育活动过程，乃至整个博士生教育改革、发展的逻辑起点和基本前提。

　　随着知识经济时代的全面到来、全球性博士生教育规模的不断扩张、学术劳动力市场的日益变化以及欧盟经济社会一体化的驱动，博士生教育出现了三个转变：一是博士生教育不仅聚焦于知识探究，知识应用的含义和范畴也都变得越来越丰富，知识生产与社会之间呈现出较为复杂的关系。二是社会的发展越来越需要通过博士生教育获取高端人才，在高等教育大众化程度不断加深的同时，博士生教育自身也面临着来自社会发展等各方面的诸多目标诉求。三是劳动力市场的日益多元化，使除大学自身以外的其他非学术性机构、政府部门、工商企业等利益相关主体都纷纷参与其中，促使博士生教育培养满足社会对尖端人才的需求。在如此纷繁复杂的时代背景下，重新定位与反思博士生教育，必须首先关注博士生培养目标。特别是，工科领域中愈发突显的"章鱼博士"的困惑以及教育与就业错位的问题，使包括学术界和工业界等在内的博士生教育利益相关者也都开始积极关注并重新思考工科领域的博士生教育使命。

　　当然，博士生教育目的及其培养目标的转变并非简单地从学术性倒向实用性，而是关系到博士生培养过程中价值理性与工具理性应如何协调与平衡的关键问题。① 有些学者主张，博士生教育目的及其培养目标不能仅由学术界本身来定位，而应成为高校、国家，甚至超越国家层面的政策目标；还有

---

① 徐贞，牛梦虎. 就业多元化趋势下博士生教育改革研究 [J]. 教育发展研究，2017, 37 (9): 64-71.

些学者对"以社会需求为导向"的博士生教育目的及其培养目标是否会危及博士生教育自身的教育功能存有疑虑,① 但无论博士生教育利益相关者在各种矛盾关系中做出怎样的选择,对博士生教育目的及其培养目标的深刻反思都是势在必行的。

不同国家和地区的教育文化传统及经济社会发展程度,不同程度地影响着各国和各地区的博士生教育目的及其培养目标。同样地,我国的博士生教育目的在不同的历史时期也呈现出不同的具体要求,但其核心定位仍从知识、能力和成果等三个视角予以阐述和概括。更进一步,以博士生教育目的为纲,博士生培养目标及其具体的目标设置存在明显的学科差异,故而工科领域学术型博士生培养目标既要顺应学术型博士生培养目标的普遍性,又要兼顾工科领域的独特性,并在目标多元化的道路上不断推进。事实表明,博士生教育目的只有从国家层面转化为高校具体的培养目标时,才能对人才培养工作起到规置性的作用。博士生培养目标代表了各高校或学科通过博士生教育使博士生达到期望的规格或要求,因此,博士生培养目标应由参与博士生培养的具体单位,即大学、院系遵循学科特点,在多元参与和密集讨论的基础上进行目标设置,以更好地发挥博士生培养目标的引领和指导作用。那么,如何将国家层面的博士生教育目的转化为学校、学科的具体人才培养目标,特别是聚焦于我国研究型大学工科领域学术型博士生培养目标的相关探讨,正是本书着力关注的问题。

第一节 主要的研究发现及贡献

博士生教育代表着一个国家最高层次人才的培养水平,对提升国家整体的国际竞争力、建设创新型国家具有重大而深远的意义。随着我国社会主义现代化建设和发展迈入新时代,各界人士对博士生教育的关注日益加强。本书围绕我国研究型大学工科领域学术型博士生培养目标是什么、应该是什么,以及如何有效设置等关键性问题开展相关研究,获得以下研究发现及贡献。

---

① LAURA C C, LUIS S M. The Employment of PhDs in Firms: Trajectories, Mobility and Innovation [J]. Research Evaluation, 2005 (1): 57-69.

一、研究发现

（一）学术界和工业界对工科领域学术型博士生培养目标的理解有着基本共识

学术原创性、学术生产力和学术贡献度等是考察学术型博士生能否获得博士学位的基本指标，这在全世界范围内都存有共识，并超越学科乃至时间上的差异，从而体现出博士生教育的基本宗旨。工科领域学术型博士生培养目标首先要遵从博士生培养目标的统一规范和内涵要求。尽管存在着较为显著的学科差异性，但从根本上说，博士生培养目标都有着最核心、最基本的能力要求，这也是贯穿博士生培养目标始终如一的目标原则。通过访谈学术界与工业界博士生教育利益相关者，根据扎根理论法的基本原理和研究思路，在运用目的性抽样法和理论性抽样法，并确保样本数据信度与效度的基础上，本书发现在目标构建的过程中，两大群体对培养目标的理解有着基本共识，如"软实力""沟通与交流的能力"和"思维能力"等方面，而对"掌握学科知识的能力"的目标诉求则达到高度的一致。

（二）学术界和工业界对工科领域学术型博士生培养目标的认识存在明显分歧

工科领域以自然科学或技术科学为主要的学科基础，实践性的学科特色要求工科领域学术型博士生培养不仅要关注博士生的学术能力，还要关注理论与实践相结合的能力，更要考虑社会对人才的需求。因此，尽管学术界和工业界对工科领域学术型博士生培养目标的理解有着基本共识，但由于差异较大的职业发展环境和价值取向，使学术界更看重工科领域学术型博士生的"研究能力""教学与指导能力"和"表达能力"等，而工业界则更看重的是"迁移能力""创新能力""团队能力""企业胜任力"和"学习能力"等。因此，培养单位在设置培养目标时，应充分重视两大群体的认识差异，使目标的设置能尽量缓和博士生教育与社会需求之间的错位与脱节，在更符合学科发展现实需求的基础上，帮助博士毕业生扮演好学术界内与外的不同职业角色，兼顾培养目标的学术性与可雇佣性。

（三）我国研究型大学工科领域学术型博士生培养目标对博士生教育的导引不够

工科领域学术型博士生培养目标的设置是各高校开展博士生培养工作实践的落脚点。本书选取具有代表意义的部分高校作为调查对象，运用文本分析法，对调查对象工科领域学术型博士生培养目标的具体内容进行语义分解和目标要素提取，最终获得由 16 个目标要素构成的目标要素集合。通过进一步的比较分析可以发现，调查对象工科领域学术型博士生培养目标的导引性不够，具体体现在以下几方面。

其一，博士生培养目标设置不够规范。部分培养单位甚至直接忽视了博士生培养目标设置工作（有近 1/3 的调查高校未在官方网站上公布博士生培养目标），目标设置缺失率偏高。

其二，博士生培养目标要求不够明确。部分培养单位涵盖的目标要素过多，缺乏一定的聚焦性，使目标在现实中的引领性作用不易发挥；部分培养单位涵盖的目标要素过少，未能体现博士点自身的特色、定位和需求。这种过多及过少的现象在调查高校中达到了 1/5 左右，不同程度地为培养目标的后期考核和反馈带来了困难。

其三，博士生培养目标的学校特色不明显。一方面，各培养单位目标内容中的核心要素，雷同度较高，说明博士生培养未能就自身特色和定位做出个性化的选择；另一方面，由于当前博士生培养目标设置工作的局限性，忽视了来自工业界的现实需求，无法有效缓和工科领域学术型博士生教育与就业错位的突出矛盾。

当然，通过调查还发现，各被调查高校在设置工科领域学术型博士生培养目标的过程中，一方面充分思考了"培养什么人、如何培养人、为谁培养人"这一根本问题，以使博士生培养工作能走在正确的道路上；另一方面接受了"博士"学位的全世界通用性特性、较好地认识与理解了工科领域的学科特性，并通过博士生培养目标设置的体现与强化纳入博士生培养实践的体系中。

二、研究贡献

（一）提供了我国研究型大学工科领域学术型博士生培养的"目标要素清单"

本着将博士生培养目标具体化到博士生培养过程的宗旨，本书根据目标设定和目标管理理论，结合工科领域学术型博士生教育的自身规律、访谈调查和现状分析的基本情况，遵循明确性、挑战性、时效性和反馈性等目标构建原则，形成了包括 11 个大目标和 61 个更具体、更明确、更具可考性的能力要求的工科领域学术型博士生培养的"目标要素清单"，从而为不同培养单位具体的目标制定提供参考。

（二）尝试了博士生培养目标的设置路径与工作流程

培养目标的设置是一项涉及多主体的复杂工作，既需要考虑博士生培养目标的共性特征，也需要考虑不同学科、地域，甚至学科发展不同阶段以及毕业生去向等多种因素。因此，本书以上海交通大学生物医学工程学科为例，尝试进行了博士生培养目标的构建。通过对学科特性、对应行业的发展及近年来毕业生的就业去向，以及上海交通大学的战略定位等因素，结合来自学术界和企业界专家的访谈意见，提出了涵盖"目标要素清单"中11个大的目标方向、34个细化能力要求的上海交通大学生物医学工程学科的博士生培养目标。新的目标力图体现4个方面的优势：一是目标内容更丰富，且表达更清晰；二是更关注到来自工业界的需求；三是目标要求更明确；四是目标要求有时限。不过，由于该尝试还没有机会与相关学科对接，因此还只是"纸上谈兵"，日后仍需通过具体实践加以验证。

第二节 研究的创新点、局限性及未来展望

一、研究创新点

本书关注的核心问题是我国研究型大学工科领域学术型博士生培养目标，通过访谈和调查，本书可能的创新之处主要表现在两个方面。

第一，本书在机制探讨和概念分析的基础上，运用扎根理论法的三级编码、文本分析法的要素提取等分析手段，对博士生培养目标本身进行解构和比较，形成了较为具体、明确、系统的目标要素集合，使博士生培养目标从高度理论化的语言描述，分解为富有具体指向性含义的目标要素，在博士生培养目标与博士生培养工作之间架起了桥梁。

第二，通过厘清"教育目的"和"培养目标"等概念的内涵及其相互关系，从博士生教育利益相关者的视角出发，围绕我国研究型大学工科领域学术型博士生培养目标，对不同群体关于培养目标的理解差异进行比较与分析，形成了"目标要素清单"，从而为博士生培养目标的设置提供参考。

二、研究局限性

虽然本书在深化博士生培养目标对具体培养过程的引导性作用方面做出了一些探索，但由于作者自身理论功底、学术视野、研究能力、精力和条件的局限性，本书在访谈对象、调查对象和实证检验等三个方面还存有一定的不足之处。

其一，访谈对象的不全面性。本书访谈的博士生教育利益相关者主要是学术界的博士生导师和工业界的相关人士，但博士生教育利益相关者中的在

校博士生、高校行政管理人员、博士校友、其他非学术机构（如政府、军队、商业企业等）人士等均未能成为本书的访谈对象。因此，在访谈调查的数据呈现上，可能会出现一定程度的微偏，从而使访谈数据分析的结论相应微偏。

其二，调查对象的不充足性。本书考察了我国18所高校292个工科领域一级学科博士生培养目标的设置现状，高校和学科的调查对象均不充足，特别是所调查的一级学科未能全部覆盖工科门类中的39个一级学科。因此，在现状调查的数据呈现上，可能会出现一定程度的微偏，从而使现状数据分析的结论相应微偏。

其三，实证检验无法获取。本书在以上海交通大学生物医学工程学科为例并进行博士生培养目标构建尝试时，未能有适当的机会和足够的条件对所构建的博士生培养目标进行真实的实证检验。因此，也无法推知所提出的目标构建尝试及相应的政策建议的实效性。

三、未来可能的研究展望

基于上述的研究创新与不足，本书将在两个方面开展进一步的深入探讨。

其一，通过丰富本书收集的相关数据，如增加访谈对象、高校调查对象、扩大所覆盖的工科门类一级学科等，达到对我国研究型大学工科领域学术型博士生培养目标"应然"与"实然"更清晰、更准确、更深入的描述，以使研究结论更可靠、更具参考价值；甚至可在借鉴本书目标构建尝试过程的基础上，以"目标要素清单"为参考框架，将相关研究延伸到其他学科领域（如医学等）。

其二，以本书所提出的目标形成、构建尝试和政策建议为参考，在条件允许的情况下，将其运用于我国某研究型大学工科领域学术型博士生培养单位。并通过长期的跟踪研究，从最现实的视角，对本书所提出的目标形成、构建尝试和政策建议进行实证检验，如亲身组织并参与目标设置讨论过程、设计用于目标设置讨论的提纲、收集目标设置成效的反馈信息等。一方面可获得本书的实证检验，另一方面对博士生培养目标设置提供更具借鉴意义的参考和更具价值的优化调整。

附 录 一

访谈提纲（博士生导师群体）

核心问题	备注
1. 对于目前的博士生培养，您感到满意吗？为什么？ 2. 对于目前的博士生培养质量，您觉得最重要的影响因素是什么？	"目标"敏感性调查
3. 您觉得设置博士生培养目标重要吗？为什么？ 4. 在目前的博士生培养中，您觉得培养目标的重要性应该排在第几位？为什么？	"目标"重要性调查
5. 您是否了解自己所在学科的博士生培养目标？ ①若了解，您了解的途径是什么？您是否可以评价一下？其优、缺点分别是什么？ ②若不了解，您觉得这会成为一个问题吗？为什么？ 6. 对于目前所培养出来的博士生，您感到满意吗？为什么？	"目标"现状调查
7. 通过博士生培养，您觉得博士生应该成为什么样的人呢？ 8. 从宏观层面上讲，我国博士生教育目的（培养的总目标）有三个方面：知识、能力和独创精神。您是否认同呢？ ①从知识方面来讲，通过博士生培养，您觉得博士生应达到怎样的程度？ ②从能力方面来讲，通过博士生培养，您觉得博士生应达到怎样的程度？ ③从思维方面来讲，通过博士生培养，您觉得博士生应达到怎样的程度？ ④您觉得还有什么其他方面吗？如品格、价值理念	"目标"期望调查

访谈提纲(工业界相关人士群体)

核心问题	备注
1. 您所在的企业为什么需要雇佣博士毕业生? 2. 您对所在企业中所雇佣的博士感到满意吗?为什么? ①若满意,您觉得具体表现在哪些方面? ②若不满意,您觉得存在哪些问题?原因是什么?如何改进?	"目标"现状调查
3. 通过博士生培养,您觉得博士生应该成为什么样的人呢? 4. 从宏观层面上讲,我国博士生教育目的(培养的总目标)有三个方面:知识、能力和独创精神。您是否认同呢? ①从知识方面来讲,通过博士生培养,您觉得博士生应达到怎样的程度? ②从能力方面来讲,通过博士生培养,您觉得博士生应达到怎样的程度? ③从思维方面来讲,通过博士生培养,您觉得博士生应达到怎样的程度? ④您觉得还有什么其他方面吗?如品格、价值理念	"目标"期望调查

附 录 二

访谈邀请函（博士生导师群体）

尊敬的教授：

您好！

博士生教育是我国学历教育层次的最高级。从发展历程上看，我国的博士生教育彰显出鲜明的国家性特征。《中华人民共和国学位条例》（2004年）做出规定："博士学位授予者必须在本门学科上掌握坚实宽广的基础理论和系统深入的专门知识，具有独立从事科学研究工作的能力，并在科学或专门技术上有创造性的成果。"事实表明，这是我国在宏观层面上对博士生教育目的的总体描述。以教育目的为纲，我们需要参与博士生培养的具体单位，即大学、院系遵循学科的特点对其进行分解，从而形成博士生培养目标。

博士生培养目标决定着博士生的培养方向和规格要求，是整个博士生教育的出发点和归宿，并构成博士生教育重中之重的环节。随着时代的迅速发展，博士生教育的外部环境发生了翻天覆地的变化，如今的博士生教育可能已经失去了其自身的核心目标。同时，博士生教育中层出不穷的问题与挑战的突显，例如，博士生教育与博士生就业之间的错位、博士生培养过程中辍学率的居高不下等，都迫使我们需要重新思考博士生培养目标。

作为工科领域博士生教育方面的资深专家，您知识渊博、经验丰富。您的访谈意见将为本书课题的顺利开展发挥重要的作用。因此，我们诚挚地邀请您成为本书课题的访谈专家。若您接受我们的邀请，您将获得以下权利与义务：

（1）您将接受2~3次访谈，每次访谈的时间为1~1.5小时，并根据具体情况做出适当调整。

（2）为保证访谈质量，您同意在访谈中以录音或笔记的方式记录访谈内容，并同意我们将其誊写成文字稿以便分析研究，其中所涉及的内容以及您所阐述的观点均仅为本书课题所使用。

（3）对于本书课题所涉及的您的个人资料与信息，我们将严格遵守保密原则。

(4) 您已充分理解本书课题的目的,并愿意积极分享您的个人观点和经验,在访谈过程中,您有权对于不想发表意见的部分予以保留。

(5) 在本书课题结束后,您有权知道最终的研究结果,如果对研究存有任何疑问,可随时咨询我们并获得说明。

若您愿意成为本研究课题的访谈专家,请填写以下回执,并回复本邮件。

同意回执

姓名		年龄	□30～39 □40～49 □50～59 □其他
教育背景	本科专业:□工科 □其他 硕士专业:□工科 □其他 博士专业:□工科 □其他 是否有留学经历? □是□否	工作年限	＿年,其中高校工作＿年
		专业技术职称	□讲师 □副教授 □教授 □其他
		导师经历	□硕导,＿＿＿年 □博导,＿＿＿年

访谈邀请函（工业界相关人士群体）

尊敬的女士/先生：

您好！

博士生教育是我国学历教育层次的最高级。从发展历程上看，我国的博士生教育彰显出鲜明的国家性特征。《中华人民共和国学位条例》（2004年）做出规定："博士学位授予者必须在本门学科上掌握坚实宽广的基础理论和系统深入的专门知识，具有独立从事科学研究工作的能力，并在科学或专门技术上有创造性的成果。"事实表明，这是我国在宏观层面上对博士生教育目的的总体描述。以教育目的为纲，我们需要参与博士生培养的具体单位，即大学、院系遵循学科的特点对其进行分解，从而形成博士生培养目标。

博士生培养目标决定着博士生的培养方向和规格要求，是整个博士生教育的出发点和归宿，并构成博士生教育重中之重的环节。随着时代的迅速发展，博士生教育的外部环境发生了翻天覆地的变化，如今的博士生教育可能已经失去了其自身的核心目标。同时，博士生教育中层出不穷的问题与挑战的突显，例如，博士生教育与博士生就业之间的错位、博士生培养过程中辍学率的居高不下等，都迫使我们需要重新思考博士生培养目标。

作为工科领域博士毕业生的企业雇主，您见多识广、经验丰富。您的访谈意见将为本书课题的顺利开展发挥重要的作用。因此，我们诚挚地邀请您成为本书课题的访谈专家。若您接受我们的邀请，您将获得以下权利与义务：

（1）您将接受2~3次访谈，每次访谈的时间为1~1.5小时，并根据具体情况做出适当调整。

（2）为保证访谈质量，您同意在访谈中以录音或笔记的方式记录访谈内容，并同意我们将其誊写成文字稿以便分析研究，其中所涉及的内容以及您所阐述的观点均仅为本书课题所使用。

（3）对于本书课题所涉及的您的个人资料与信息，我们将严格遵守保密原则。

（4）您已充分理解本书课题的目的，并愿意积极分享您的个人观点和经验，在访谈过程中，您有权对于不想发表意见的部分予以保留。

（5）在本书课题结束后，您有权知道最终的研究结果，如果对研究存有任何疑问，您可以随时质询我们并获得说明。

若您愿意成为本研究课题的访谈专家，请填写以下回执，并回复本邮件。

同意回执

姓名		工作单位	
工作职位		工作年限	

您对工科领域博士生教育的熟悉程度：

☐很熟悉　　☐比较熟悉　　☐一般熟悉　　☐不熟悉

附 录 三

初始编码的具体内容和频次统计（按综合频次统计降序排列）

序号	初始编码的具体内容	学术界频次统计	工业界频次统计	综合频次统计
1	准确表述观点的能力	85.7%	92.3%	88.9%
2	学科知识理论	78.6%	100.0%	88.9%
3	工程实践能力	78.6%	92.3%	85.2%
4	有效沟通的能力	64.3%	100.0%	81.5%
5	科研创新能力	64.3%	84.6%	74.1%
6	总结归纳文献观点的能力	85.7%	53.8%	70.4%
7	宏观把握研究领域的能力	78.6%	61.5%	70.4%
8	明确研究方法的能力	85.7%	46.2%	66.7%
9	有效表达的能力	64.3%	69.2%	66.7%
10	跨学科的知识与能力	64.3%	69.2%	66.7%
11	职业规划能力	57.1%	76.9%	66.7%
12	团队合作能力	42.9%	92.3%	66.7%
13	善于思考的能力	57.1%	69.2%	63.0%
14	终生学习的能力	50.0%	69.2%	59.3%
15	整体把握研究过程的能力	64.3%	46.2%	55.6%
16	独立开展学术研究的能力	64.3%	46.2%	55.6%
17	了解相关工业领域的能力	28.6%	84.6%	55.6%
18	保持工程与学术互动的能力	14.3%	100.0%	55.6%
19	明确研究问题的能力	64.3%	38.5%	51.9%

续上表

序号	初始编码的具体内容	学术界频次统计	工业界频次统计	综合频次统计
20	结合文献与研究问题的能力	64.3%	38.5%	51.9%
21	逻辑思维能力	50.0%	53.8%	51.9%
22	具备人文素养	50.0%	53.8%	51.9%
23	系统思维能力	28.6%	76.9%	51.9%
24	具备工程意识的能力	0.0%	100.0%	48.1%
25	设计系统性研究方案/技术方案的能力	57.1%	30.8%	44.4%
26	开展实验的能力	57.1%	30.8%	44.4%
27	认识并理解不同文化的能力	21.4%	69.2%	44.4%
28	融会贯通的能力/知识的整合	14.3%	76.9%	44.4%
29	思维创新的能力	28.6%	53.8%	40.7%
30	具备领导力	28.6%	53.8%	40.7%
31	完整呈现研究过程的能力	57.1%	15.4%	37.0%
32	确切表述问题的能力	57.1%	15.4%	37.0%
33	提出质疑或建议的能力	50.0%	23.1%	37.0%
34	明确研究目标的能力	28.6%	46.2%	37.0%
35	快速学习的能力	28.6%	46.2%	37.0%
36	社会交往能力	21.4%	53.8%	37.0%
37	认识并理解自身工作的能力	0.0%	76.9%	37.0%
38	国际交流能力	35.7%	30.8%	33.3%
39	具备国际化视野	21.4%	46.2%	33.3%
40	具备脚踏实地的精神	0.0%	69.2%	33.3%
41	技术创新能力	0.0%	69.2%	33.3%
42	学术论文写作能力	57.1%	0.0%	29.6%
43	主动表达的能力	35.7%	23.1%	29.6%

续上表

序号	初始编码的具体内容	学术界频次统计	工业界频次统计	综合频次统计
44	语言能力	35.7%	23.1%	29.6%
45	主动开展学术研究的能力	28.6%	30.8%	29.6%
46	承接工程项目的能力	7.1%	53.8%	29.6%
47	批判性思维能力	35.7%	15.4%	25.9%
48	合理分析数据的能力	35.7%	15.4%	25.9%
49	具备情商	14.3%	38.5%	25.9%
50	组织协调能力	0.0%	53.8%	25.9%
51	优化工艺流程的能力	0.0%	53.8%	25.9%
52	考虑企业实际需求的能力	0.0%	53.8%	25.9%
53	具备好奇心	0.0%	53.8%	25.9%
54	工程成本控制能力	0.0%	53.8%	25.9%
55	设计实验的能力	42.9%	0.0%	22.2%
56	能够听取别人见解的能力	28.6%	15.4%	22.2%
57	明确研究意义的能力	28.6%	15.4%	22.2%
58	具备科学敏感性	28.6%	15.4%	22.2%
59	关注学术研究细节的能力	28.6%	15.4%	22.2%
60	比较分析研究方法的能力	28.6%	15.4%	22.2%
61	时间管理能力/时间观念	7.1%	38.5%	22.2%
62	具备专注精神	7.1%	38.5%	22.2%
63	为产品创造新价值的能力	0.0%	46.2%	22.2%
64	推动技术发展的能力	0.0%	46.2%	22.2%
65	企业研究项目管理能力	0.0%	46.2%	22.2%
66	规划企业发展的能力	0.0%	46.2%	22.2%
67	准备项目申请书的能力	35.7%	0.0%	18.5%

续上表

序号	初始编码的具体内容	学术界频次统计	工业界频次统计	综合频次统计
68	指导学生的能力	35.7%	0.0%	18.5%
69	在更大知识背景中定位研究领域的能力	35.7%	0.0%	18.5%
70	优化研究过程的能力	35.7%	0.0%	18.5%
71	选择研究问题的能力	35.7%	0.0%	18.5%
72	明确实验目的的能力	35.7%	0.0%	18.5%
73	分析实验结果的能力	35.7%	0.0%	18.5%
74	独立思考的能力	35.7%	0.0%	18.5%
75	寻求企业创新增长点的能力	0.0%	30.8%	14.8%
76	适应企业管理要求的能力	0.0%	30.8%	14.8%
77	具备积极向上的精神	0.0%	30.8%	14.8%
78	掌握开展科研工作的基本规范	21.4%	0.0%	11.1%
79	选择适当表达形式的能力	21.4%	0.0%	11.1%
80	设计研究问题的能力	21.4%	0.0%	11.1%
81	配备实验设备的能力	21.4%	0.0%	11.1%
82	明确学术概念的能力	21.4%	0.0%	11.1%
83	课堂教学的能力	21.4%	0.0%	11.1%
84	宏观与微观思维相结合的能力	21.4%	0.0%	11.1%
85	独立学习的能力	21.4%	0.0%	11.1%
86	创新研究方法的能力	21.4%	0.0%	11.1%
87	充分有效使用实验设备的能力	21.4%	0.0%	11.1%
88	**自我修正的能力**	7.1%	15.4%	11.1%
89	明确企业预期目标的能力	0.0%	23.1%	11.1%
90	合理判断企业发展方向的能力	0.0%	23.1%	11.1%
91	把关技术问题的能力	0.0%	23.1%	11.1%

续上表

序号	初始编码的具体内容	学术界频次统计	工业界频次统计	综合频次统计
92	运用图表能力	14.3%	0.0%	7.4%
93	文化交流能力	14.3%	0.0%	7.4%
94	逆向思维能力	14.3%	0.0%	7.4%
95	明确研究假设的能力	14.3%	0.0%	7.4%
96	具备实验伦理意识	14.3%	0.0%	7.4%
97	接受并处理意外研究结果的能力	14.3%	0.0%	7.4%
98	应对挫折的能力	0.0%	15.4%	7.4%
99	细化技术方法的能力	0.0%	15.4%	7.4%
100	调解压力的能力	0.0%	15.4%	7.4%
101	具备执行力	0.0%	15.4%	7.4%
102	具备未来视野	0.0%	15.4%	7.4%
103	具备决断力	0.0%	15.4%	7.4%
104	获取国际资源的能力	0.0%	15.4%	7.4%
105	把握工作标准和规范的能力	0.0%	15.4%	7.4%
106	改造实验设备的能力	7.1%	0.0%	3.7%
107	具备自由探索的精神	7.1%	0.0%	3.7%
108	具备可塑性	7.1%	0.0%	3.7%
109	把握教学法的能力	7.1%	0.0%	3.7%
110	组建技术团队的能力	0.0%	7.7%	3.7%
111	具备责任感	0.0%	7.7%	3.7%
112	具备开放性思维	0.0%	7.7%	3.7%
113	工程质量管控能力	0.0%	7.7%	3.7%

注：加深的初始编码代表两大群体达成共识的观点，共计52条。

附 录 四

聚焦编码的编制过程

序号	初始编码	聚焦编码	聚焦编码的编制说明
2	学科知识理论	学科知识理解能力	将具备辨认、识别和记忆学科知识概念、法则及其理论观点等的能力,与认知及联系其所涉及的外延关系的能力进行聚焦
69	在更大知识背景中定位研究领域的能力		
10	跨学科的知识与能力	学科知识跨界能力	将能够结合其他相关学科进行方法交叉、理论借鉴和知识渗透等,并具备系统性地把握整个研究领域的能力进行聚焦
7	宏观把握研究领域的能力		
71	选择研究问题的能力	发现研究问题的能力	将能够在复杂的研究环境中甄别丰富的研究信息,通过发现有价值的相关内容,设计或明确研究问题,从而具备发现研究问题的能力进行聚焦
80	设计研究问题的能力		
19	明确研究问题的能力		

续上表

序号	初始编码	聚焦编码	聚焦编码的编制说明
34	明确研究目标的能力	分析研究问题的能力	将能够运用各种分析方法明确研究目标、学术概念、研究假设和研究意义等,并在系统性分析相关问题的基础上,设计研究方案,具备进行数据分析和处理偏差的能力进行聚焦
82	明确学术概念的能力		
95	明确研究假设的能力		
57	明确研究意义的能力		
25	设计系统性研究方案/技术方案的能力		
48	合理分析数据的能力		
33	提出质疑或建议的能力		
97	接受并处理意外研究结果的能力		
78	掌握开展科研工作的基本规范	解决研究问题的能力	将能够按照既定目标,通过综合运用各种认知活动、研究方法和技能手段等,在把握基本规范的基础上,系统性把控整体研究过程,具备使研究问题得以解决的能力进行聚焦
15	整体把握研究过程的能力		
59	关注学术研究细节的能力		
70	优化研究过程的能力		
8	明确研究方法的能力		
60	比较分析研究方法的能力		
86	创新研究方法的能力		
6	总结归纳文献观点的能力	文献调研的能力	将能够围绕相关项目或课题灵活运用并仔细查阅文献情报资料,通过归纳总结文献中的观点,加强其与相关项目或课题有机结合的能力进行聚焦
20	结合文献与研究问题的能力		

续上表

序号	初始编码	聚焦编码	聚焦编码的编制说明
72	明确实验目的的能力	实验能力	将能够明确实验目的，通过设计、分析、操作实验，以及使用、改造、配备实验设备，具备实验伦理意识和实验能力进行聚焦
55	设计实验的能力		
26	开展实验的能力		
73	分析实验结果的能力		
81	配备实验设备的能力		
87	充分有效使用实验设备的能力		
106	改造实验设备的能力		
96	具备实验伦理意识		
37	认识并理解自身工作的能力	获取知识的能力	将能够对各类信息源中的知识进行抽取、转换和重组，具备吸收、获取知识的能力进行聚焦
27	认识并理解不同文化的能力		
104	获取国际资源的能力		
88	自我修正的能力	更新知识的能力	将能够对既有知识进行加工、整理和反思，通过认知迭代探索事物本质，并建立相互之间关系的能力进行聚焦
14	终生学习的能力		
35	快速学习的能力		
110	组建技术团队的能力	组建团队能力	将能够在明确团队建设目标的基础上，通过整合与平衡团队构架及其功能，确保相关项目或课题顺利完成的能力进行聚焦

续上表

序号	初始编码	聚焦编码	聚焦编码的编制说明
50	组织协调能力	协同合作能力	将能够协同两个或两个以上的不同资源或单位，通过合作的方式，具备一致性地完成既定目标的能力进行聚焦
12	团队合作能力		
23	系统思维能力	综合理解能力	将能够在概念理解的基础上，通过综合思考进一步达到系统化的综合理解，甚至重新建立或调整认知结构的能力进行聚焦
94	逆向思维能力		
84	宏观与微观思维相结合的能力		
47	批判性思维能力	论证分析能力	将能够运用逻辑方法和批判性思维，具备通过论据证明相关理论或观点的能力进行聚焦
21	逻辑思维能力		
45	主动开展学术研究的能力	主动精神	将能够在开展学术研究、表达观点、思考问题及其他各个方面保持积极主动的态度，使事情能够按照自己的意图予以实施的能力进行聚焦
43	主动表达的能力		
13	善于思考的能力		
77	具备积极向上的精神		
85	独立学习的能力	独立精神	将能够具备独立思考、学习和开展学术研究的精神，不拘泥、不依附、不照抄的能力进行聚焦
74	独立思考的能力		
16	独立开展学术研究的能力		

续上表

序号	初始编码	聚焦编码	聚焦编码的编制说明
98	应对挫折的能力	适应能力	将具备个人与环境之间取得和谐关系的能力，在应对环境改变的过程中，能够做出适当的行为调整，以达到个人与环境之间新和谐的能力进行聚焦
100	调解压力的能力		
108	具备可塑性		
107	具备自由探索的精神	科学素养	将能够在追求科学知识的过程中具备与此相关的科学态度、科学价值观、科学思考与科学热情等方面的能力进行聚焦
62	具备专注精神		
58	具备科学敏感性		
112	具备开放性思维		
53	具备好奇心		
36	社会交往能力	职业素养	将能够在职场中具备相关的职业信念、职业知识与技能，并通过遵守职业行为规范具备职场综合素质的能力进行聚焦
56	能够听取别人见解的能力		
101	具备执行力		
111	具备责任感		
102	具备未来视野		
22	具备人文素养		
49	具备情商		
30	具备领导力		
103	具备决断力		
40	具备脚踏实地的精神		
39	具备国际化视野		

续上表

序号	初始编码	聚焦编码	聚焦编码的编制说明
28	融会贯通的能力/知识的整合	知识迁移能力	将能够通过知识整合，使既有知识经验与认知结构对新的知识经验与认知结构产生影响的能力进行聚焦
17	了解相关工业领域的能力	学术向工程转变的能力	将具备通过学术研究对相关工业领域中的问题或观点产生影响的能力进行聚焦
24	具备工程意识的能力		
18	保持工程与学术互动的能力		
11	职业规划能力	企业综合管理能力	将能够围绕企业管理中计划、组织、指挥、协调和控制等一系列生产经营活动，具备综合的管理素质与能力进行聚焦
76	适应企业管理要求的能力		
61	时间管理能力/时间观念		
65	企业研究项目管理能力		
89	明确企业预期目标的能力		
52	考虑企业实际需求的能力		
90	合理判断企业发展方向的能力		
66	规划企业发展的能力		
105	把握工作标准和规范的能力		
99	细化技术方法的能力	技术能力	将能够掌握并运用专业领域内的知识、技术和方法，具备细化技术方法、技术把关及推动技术发展的能力进行聚焦
64	推动技术发展的能力		
91	把关技术问题的能力		

续上表

序号	初始编码	聚焦编码	聚焦编码的编制说明
51	优化工艺流程的能力	工程能力	将在产品生产的过程中,具备工程实践、项目承接、工艺流程改造和工程成本控制等相关的能力进行聚焦
113	工程质量管控能力		
3	工程实践能力		
54	工程成本控制能力		
46	承接工程项目的能力		
68	指导学生的能力	指导能力	将具备指点、引导相关个体的能力进行聚焦
109	把握教学法的能力	教学能力	将能够围绕教学目标,通过运用教学法和课程教学,具备顺利开展教学活动的能力进行聚焦
83	课堂教学的能力		
93	文化交流能力	交流能力	将能够通过信息共享与互换,促进文化发展以及国际上的相互理解与合作的能力进行聚焦
38	国际交流能力		
4	有效沟通的能力	沟通能力	将具备与他人有效地进行沟通信息的能力进行聚焦,包括沟通的外在技巧和内在动因
5	科研创新能力	学术创新能力	将能够通过开展学术研究,创造出新东西,或发明出新范式和新方法,或孕育出新思想和新见解,或发掘出新材料和新证据的能力进行聚焦

续上表

序号	初始编码	聚焦编码	聚焦编码的编制说明
29	思维创新的能力	思维创新能力	将能够具备通过新的方法解决问题的思维过程，突破常规思维界限，产生新思维成果的能力进行聚焦
75	寻求企业创新增长点的能力	企业创新能力	将能够根据市场需求的发展趋势，通过利用并优化自身资源与社会资源的配置，具备从企业经营管理各个层面上进行创造和革新的能力进行聚焦
63	为产品创造新价值的能力		
41	技术创新能力		
67	准备项目申请书的能力	书面表达能力	将具备通过文字组织表达相关思想、观点、情感等，并实现交际作用的能力进行聚焦
42	学术论文写作能力		
9	有效表达的能力	提高表达效用的能力	将能够根据不同的环境选择适当的表达形式或语言载体，具备提高表达效用的能力进行聚焦
79	选择适当表达形式的能力		
1	准确表述观点的能力	综合语用能力	将能够通过综合的语言知识，具备运用语言进行得体交际的能力进行聚焦
44	语言能力		
92	运用图表能力		
31	完整呈现研究过程的能力		
32	确切表述问题的能力		

附 录 五

我国研究型大学工科领域学术型博士生培养目标要素清单

目标要求	目标内容	学术界认同度	工业界认同度	综合认同度
掌握学科知识的能力	学科知识理论	4	5	5
	宏观把握研究领域的能力	4	4	4
	跨学科的知识与能力	4	4	4
研究能力	总结归纳文献观点的能力	5	3	4
	明确研究方法的能力	5	3	4
	整体把握研究过程的能力	4	3	3
	结合文献与研究问题的能力	4	2	3
	明确研究问题的能力	4	2	3
	开展实验的能力	3	2	3
	设计系统性研究方案/技术方案的能力	3	2	3
	提出质疑或建议的能力	3	2	2
	设计实验的能力	3	1	2
	明确研究目标的能力	2	3	2
	明确研究意义的能力	2	1	2
	合理分析数据的能力	2	1	2
思维能力	系统思维能力	2	4	3
	逻辑思维能力	3	3	3
	批判性思维能力	2	1	2
沟通与交流的能力	有效沟通的能力	4	5	5
	国际交流能力	2	2	2

续上表

目标要求	目标内容	学术界认同度	工业界认同度	综合认同度
迁移能力	了解相关工业领域的能力	2	5	3
	保持工程与学术互动的能力	1	5	3
	具备工程意识的能力	1	5	3
	融会贯通的能力/知识的整合	1	4	3
企业胜任力	工程实践能力	4	5	5
	职业规划能力	3	4	4
	承接工程项目的能力	1	3	2
	考虑企业实际需求的能力	1	3	2
	工程成本控制能力	1	3	2
	优化工艺流程的能力	1	3	2
	企业研究项目管理能力	1	3	2
	规划企业发展的能力	1	3	2
	推动技术发展的能力	1	3	2
	时间管理能力/时间观念	1	2	2
创新能力	科研创新能力	4	5	4
	思维创新的能力	2	3	3
	技术创新能力	1	4	2
	为产品创造新价值的能力	1	3	2
团队能力	团队合作能力	3	5	4
	组织协调能力	1	3	2
表达能力	准确表述观点的能力	5	5	5
	有效表达的能力	4	4	4
	完整呈现研究过程的能力	3	1	2
	确切表述问题的能力	3	1	2
	学术论文写作能力	3	1	2
	语言能力	2	2	2

续上表

目标要求	目标内容	学术界认同度	工业界认同度	综合认同度
学习能力	终生学习的能力	3	4	3
	认识并理解不同文化的能力	2	4	3
	认识并理解自身工作的能力	1	4	2
	快速学习的能力	2	3	2
软实力	善于思考的能力	3	4	4
	独立开展学术研究的能力	4	3	3
	具备人文素养	3	3	3
	具备领导力	2	3	3
	社会交往能力	2	3	2
	具备脚踏实地的精神	1	4	2
	具备国际化视野	2	3	2
	主动表达的能力	2	2	2
	主动开展学术研究的能力	2	2	2
	具备好奇心	1	3	2
	思想政治及健康要求	★	★	★

注：认同度=5，代表的目标内容的频次统计在区段81%~100%之间，属于非常认同的程度；

认同度=4，代表的目标内容的频次统计在区段61%~80%之间，属于很认同的程度；

认同度=3，代表的目标内容的频次统计在区段41%~60%之间，属于一般认同的程度；

认同度=2，代表的目标内容的频次统计在区段21%~40%之间，属于不太认同的程度；

认同度=1，代表的目标内容的频次统计在区段0%~20%之间，属于不认同的程度。

★代表我国研究型大学工科领域学术型博士生培养目标现状调查对初步构建的"目标要素清单"的修正。

附 录 六

我国研究型大学工科领域学术型博士生培养目标要素清单的补充参考

目标要求	目标内容
掌握学科知识的能力	在更大知识背景中定位研究领域的能力
研究能力	具备实验伦理意识（P）
	改造实验设备的能力（P）
	明确研究假设的能力（P）
	接受并处理意外研究结果的能力（P）
	比较分析研究方法的能力
	关注学术研究细节的能力
	分析实验结果的能力
	明确实验目的的能力
	优化研究过程的能力
	选择研究问题的能力
	充分有效使用实验设备的能力
	配备实验设备的能力
	创新研究方法的能力
	掌握开展科研工作的基本规范
	明确学术概念的能力
	设计研究问题的能力
学习能力	自我修正的能力（P）
	获取国际资源的能力（P）
沟通与交流的能力	文化交流能力（P）

续上表

目标要求	目标内容
企业胜任力	细化技术方法的能力（P）
	工程质量管控能力（P）
	适应企业管理要求的能力
	合理判断企业发展方向的能力
	明确企业预期目标的能力
	把关技术问题的能力
	把握工作标准和规范的能力（P）
创新能力	寻求企业创新增长点的能力
团队能力	组建技术团队的能力（P）
表达能力	运用图表能力（P）
	准备项目申请书的能力
	选择适当表达形式的能力
软实力	调解压力的能力（P）
	应对挫折的能力（P）
	具备决断力（P）
	具备执行力（P）
	具备未来视野（P）
	具备自由探索的精神（P）
	具备可塑性（P）
	具备责任感（P）

续上表

目标要求	目标内容
软实力	具备开放性思维（R）
	具备专注精神
	具备科学敏感性
	能够听取别人见解的能力
	独立思考的能力
	具备积极向上的精神
	独立学习的能力
	具备情商
思维能力	逆向思维能力（R）
	宏观与微观思维相结合的能力
教学与指导能力	把握教学法的能力（R）
	指导学生的能力
	课堂教学的能力

注：带有（R）标记的是指该目标要素在学术界和工业界两大群体中的认同度都较低。

参 考 文 献

[1] BERELSON B. Graduate Education in the United States [M]. New York:McGraw-Hill Book Company, 1961.

[2] DAVID M C P, STEPHEN M F, JUDITH J S. Higher Education and Human Capital:Re/thinking the Doctorate in America [M]. Rotterdam:Sense Publishers, 2011.

[3] WILLIAM C. Academic Charisma and the Origins of the Research University [M]. Chicago:University of Chicago Press, 2006.

[4] PETER F D. The Practice of Management [M]. New York:Harper Business, 2006.

[5] GAFF J G, RATCLIFF J L. Handbook of the Undergraduate Curriculum:A Comprehensive Guide to Purposes, Structures, Practices and Changes [M]. San Francisco:Jossey-Bass Publishers, 1996.

[6] GOLDE C M, DORE T M. At Cross Purposes:What the Experiences of Today's Doctoral Students Reveal about Doctoral Education [M]. Philadelphia:Pew Charitable Trusts, 2001.

[7] LATHAM G P, LOCKE E A, FASSINA N E. The High Performance Cycle:Standing the Test of Time [M]. Chichester:John Wiley & Sons, Ltd, 2002.

[8] LOCKE E A, LATHAM G P. A Theory of Goal Setting & Task Performance [M]. Englewood Cliffs, NJ:Prentice Hall, 1990.

[9] NERAD M, et al. Confronting Common Assumptions:Designing Future-oriented Doctoral Education [M]. Ithaka, NY:Cornell University Press, 2009.

[10] NUENNING A. Defizite und Desiderate der deutschen Docktorandenausbildung [M]//KIMMICH D, THUMFART A. Universität ohne Zukunft. Suhrkamp Verlag:Frankfurt am Main, 2004.

[11] CHRIS P. Redefining the Doctorate [M]. York:The Higher Education Academy, 2007.

[12] 鲍尔生. 德国教育史 [M]. 滕大春, 滕大生, 译. 北京: 人民教育出版社, 1986.

[13] 布列钦卡. 教育科学的基本概念: 分析、批判和建议 [M]. 胡劲松, 译. 上海: 华东师范大学出版社, 2001.

[14] 康德. 论教育学 [M]. 赵鹏, 译. 上海: 上海人民出版社, 2005.

[15] 涂尔干. 道德教育 [M]. 陈光金, 沈杰, 朱谐汉, 译. 上海: 上海人民出版社, 2001.

[16] 勒戈夫. 中世纪的知识分子 [M]. 张弘, 译. 北京: 商务印书馆, 1996.

[17] 韦尔热. 中世纪大学 [M]. 王晓辉, 译. 上海: 上海人民出版社, 2007.

[18] 夸美纽斯. 大教学论 [M]. 傅任敢, 译. 北京: 教育科学出版社, 1999.

[19] 菲利普斯, 皮尤. 如何获得博士学位 [M]. 王玉, 欧阳玉湘, 徐贝, 译. 上海: 上海交通大学出版社, 2012.

[20] 哈斯金斯. 大学的兴起 [M]. 梅义征, 译. 上海: 上海三联书店, 2007.

[21] 博克. 走出象牙塔: 现代大学的社会责任 [M]. 徐小洲, 陈军, 译. 杭州: 浙江教育出版社, 2001.

[22] 美国科学、工程与公共政策委员会. 重塑科学家与工程师的研究生教育 [M]. 徐远超, 等译. 北京: 科学技术文献出版社, 1999.

[23] 阿特巴赫, 波达尔, 甘波特. 21世纪的美国高等教育: 社会、政治、经济的挑战 [M]. 施晓光, 蒋凯, 等译. 2版. 青岛: 中国海洋大学出版社, 2007.

[24] 阿特巴赫. 为美国高等教育辩护 [M]. 别敦荣, 陈艺波, 等译. 青岛: 中国海洋大学出版社, 2007.

[25] 孔茨, 韦里克. 管理学: 国际化与领导力的视角 [M]. 马春光, 译. 9版. 北京: 中国人民大学出版社, 2013.

[26] 克尔. 大学的功用 [M]. 陈逸飞, 等译. 南昌: 江西教育出版社, 1993.

[27] 戈尔德, 沃克. 重塑博士生教育的未来 [M]. 刘俭, 译. 上海: 上海交通大学出版社, 2015.

[28] 赫钦斯. 美国高等教育 [M]. 汪利兵, 译. 杭州: 浙江教育出版社, 2001.

[29] 克瑞尼. 管理学原理 [M]. 姜思琪, 吴茜, 刘路娟, 译. 11版. 北

京：清华大学出版社，2012.
[30] 希特，布莱克，波特. 管理学［M］. 贾良定，范秀云，等译. 北京：高等教育出版社，2005.
[31] 梅基. 博士生教育评估：改善结果导向的新标准与新模式［M］. 张金萍，娄枝，译. 上海：上海交通大学出版社，2011.
[32] 布鲁贝克. 高等教育哲学［M］. 王承绪，等译. 杭州：浙江教育出版社，1987.
[33] 杜威. 民主主义与教育［M］. 王承绪，等译. 北京：人民教育出版社，2001.
[34] 奈斯比特. 中国大趋势：新社会的八大支柱［M］. 魏平，译. 北京：中华工商联合出版社，2009.
[35] 阿什比. 科技发达时代的大学教育［M］. 滕大春，滕大生，译. 北京：人民教育出版社，1983.
[36] 怀特海. 教育的目的［M］. 庄莲平，王立中，译. 上海：文汇出版社，2012.
[37] 陈焕章. 教育原理［M］. 上海：上海教育出版社，2000.
[38] 陈向明. 质的研究方法与社会科学研究［M］. 北京：教育科学出版社，2001.
[39] 陈学飞，等. 西方怎样培养博士：法、英、德、美的模式与经验［M］. 北京：教育科学出版社，2002.
[40] 顾明远. 教育大辞典（增订合编本）［M］. 上海：上海教育出版社，1998.
[41] 贺国庆，王保星，朱文富. 外国高等教育史［M］. 北京：人民教育出版社，2005.
[42] 何业才. 新编现代工业企业管理［M］. 北京：经济管理出版社，2005.
[43] 柳海民. 现代教育学原理导论［M］. 北京：高等教育出版社，2013.
[44] 邵志芳. 思维心理学［M］. 上海：华东师范大学出版社，2001：5.
[45] 孙莱祥，张晓鹏，刘凡丰，等. 研究型大学的课程改革与教育创新［M］. 北京：高等教育出版社，2005.
[46] 王承绪，徐辉. 发展战略：经费、教育科研、质量［M］. 杭州：杭州大学出版社，1993.
[47] 姚纬明，束龙仓，李枫，等. 产学研理论的创新与实践：工科研究生教育篇［M］. 南京：河海大学出版社，2012.
[48] 张英丽. 学术职业与博士生教育［M］. 武汉：华中科技大学出版

社，2009．

[49] 中国博士质量分析课题组．中国博士质量报告［M］．武汉：华中科技大学出版社，2012．

[50]《中国教育年鉴》编辑部．中国教育年鉴（1983年）［M］，北京：人民教育出版社，1984．

[51] Council of Graduate Schools. PhD Completion and Attrition：Policy and Practices to Promote Student Success［R］. Council of Graduate Schools，2010．

[52] US Department of Education，National Center for Education Statistics. Digest of Education Statistics（2009）［R］. NCES，2010．

[53] WENDLER C, et al. Pathways through Graduate School and into Careers ［R］. Princeton, NJ：Educational Testing Service，2012：1 – 3．

[54] 陈书云．大学生软实力问题研究［D］．武汉：武汉轻工大学，2014．

[55] 陈姝雨．工程教育中学术型研究生培养模式比较研究［D］．重庆：重庆大学，2006．

[56] 段志雁．工业企业技术创新能力评价与波动性研究［D］．大庆：东北石油大学，2011．

[57] 郝国伟．欧洲"博洛尼亚进程"的新进展研究（2010—2015）［D］．大连：辽宁师范大学，2017．

[58] 刘婧．工学跨学科博士生培养模式研究［D］．哈尔滨：哈尔滨工业大学，2014．

[59] 汪志强．我国工程博士研究生教育发展问题研究［D］．上海：华东师范大学，2018．

[60] 吴刚．工作场所中基于项目行动学习的理论模型研究［D］．上海：华东师范大学，2013．

[61] 俞可．德攻博意愿高涨：申请德国博士应注意些什么［N］．中国教育报，2013 – 03 – 22．

[62] 张烁．把思想政治工作贯穿教育教学全过程 开创我国高等教育事业发展新局面［N］．人民日报，2016 – 12 – 09．

[63] 张文德．夜间街拍要点［N］．中国摄影报，2015 – 12 – 25．

[64] ALLEN J, WEERT E D. What Do Educational Mismatches Tell Us about Skill Mismatches? A Cross – country Analysis［J］. European Journal of Education，2010，42（1）．

[65] ALTBACH P G. Doctoral Education：Present Realities and Future Trends ［J］. Springer International Handbooks of Education，2006（1）．

[66] CHIANG, KUANG H. Learning Experiences of Doctoral Students in UK Universities [J]. International Journal of Sociology and Social Policy, 2013, 23 (12).

[67] WILLIAM C. On the Ironic Specimen of the Doctor of Philosophy [J]. Science in Context, 1992 (5).

[68] CRUZ – CASTRO L, SANZ – MENENDEZ L. The Employment of PhDs in Firms: Trajectories, Mobility and Innovation [J]. Research Evaluation, 2005 (1).

[69] CUTHBERT D, MOLLA T. PhD Crisis Discourse: A Critical Approach to the Farming of the Problem and Some Australian "Solutions" [J]. Higher Education, 2015, 69 (1).

[70] FUHRMANN C N, et al. Improving Graduate Education to Support a Branching Career Pipeline: Recommendations Based on a Survey of Doctoral Students in the Basic Biomedical Sciences [J]. Life Science Education, 2011 (10).

[71] GARCIA – QUEVEDO J, MAS – VERDU F, POLO – OTERO J. Which Firms Want PhDs? An Analysis of the Determinants of the Demand [J]. Higher Education, 2012, 63 (5).

[72] GRIFFITHS P A. Reshaping the Graduate Education of Scientists and Engineers [J]. Academic Medicine Journal of Association of American Medical Colleges, 1995, 70 (9).

[73] HAKALA J. The Future of the Academic Calling? Junior Researchers in the Entrepreneurial University [J]. Higher Education, 2009, 57 (2).

[74] HARMAN, GRANT. Producing PhD Graduates in Australia for the Knowledge Economy [J]. Higher Education Research and Development, 2002, 21 (2).

[75] JOHN H. Change and the Social Science PhD: Supervisors' Responses [J]. Oxford Review of Education, 1995, 21 (2).

[76] JACKSON D, MICHELSON G. Factors Influencing the Employment of Australian PhD Graduated [J]. Studies in Higher Education, 2015 (9).

[77] KEHM B M. Quo Vadis Doctoral Education? New European Approaches in the Context of Global Changes [J]. European Journal of Education, 2007, 42 (3).

[78] LOCKE E A, GARY L. Building a Practically Useful Theory of Goal Setting and Task Motivation [J]. American Psychologist, 2002, 57 (9).

［79］ NERAD M. The PhD in the US：Critisim, Facts and Remedies ［J］. Higher Education Policy, 2004, 17 (2).

［80］ NEUMANN R, TAN H K. From PhD to Initial Employment：the Doctorate in a Knowledge Economy ［J］. Studies in Higher Education, 2011, 36 (5).

［81］ NYQUIST J. The PhD：A Tapestry of Change for the 21st Century ［J］. Change：The Magazine of Higher Learning, 2002, 34 (6).

［82］ PARK C. New Variant PhD：The Changing Nature of the Doctorate in the UK ［J］. Jounal of Higher Education Policy and Management, 2005, 27 (2).

［83］ PEARSON, MARGOT. The Changing Environment for Doctoral Education in Australia：Implications for Quality Management, Improvement and Innovation ［J］. Higher Education Research & Development, 1999, 18 (3).

［84］ ST‑HILAIRE F, GILBERT M H, LEFEBVRE R. Managerial Practices to Reduce Psychosocial Risk Exposure：A Competency‑Based Approach ［J］. Canadian Journal of Administrative Sciences, 2018：35 (4).

［85］ USHER, ROBIN. A Diversity of Doctorates：Fitness for the Knowledge Economy? ［J］. Higher Education Research and Development, 2002, 21 (2).

［86］ WOOD R E, LOCKE E A. Goal Setting and Strategy Effects on Complex Tasks ［J］. Research in Organizational Behavior, 1990.

［87］ 罗兰，王丹红. 为纯科学呼吁 ［J］. 科技导报, 2005 (9).

［88］ 胡森，施良方. 论教育质量（特约稿）［J］. 华东师范大学学报（教育科学版）, 1987 (3).

［89］ 包水梅. 学术型博士生培养目标定位及其素质结构研究 ［J］. 教育科学, 2015 (2).

［90］ 鲍晓萍，徐国辉. 高校学生创新意识、创业精神及创新创业能力的培养：评《大学生创新创业教育基础与能力训练》［J］. 教育理论与实践, 2018, 38 (23).

［91］ 卞翠. 法国博士学位制度演变及其影响因素分析 ［J］. 研究生教育研究, 2018 (5).

［92］ 博士生培养工作调查汇总小组. 博士生培养工作调查总结 ［J］. 学位与研究生教育, 1992 (4).

［93］ 陈贵梧. 美国研究型大学的核心使命及其演变研究：基于使命陈述中关键词的词频分析 ［J］. 复旦教育论坛, 2013, 11 (1).

[94] 陈洪波. 企业和医院融入生物医学工程专业人才培养机制与实践 [J]. 教育教学论坛, 2016 (42).

[95] 陈洪捷, 赵世奎, 沈文钦, 蔡磊砢. 中国博士培养质量: 成就、问题与对策 [J]. 学位与研究生教育, 2011 (6).

[96] 陈月明, 高天昀, 杨润怀. 新工科下人才培养体系建设的探索与实践: 以生物医学工程学科为例 [J]. 教育观察, 2018, 7 (21).

[97] 褚艾晶. 以雇主需求为导向的英国博士生教育改革研究 [J]. 学位与研究生教育, 2013 (5).

[98] 邓彬, 黎湘, 王宏强, 等. 工科博士生科研创新的技巧与创新能力培养 [J]. 高等教育研究学报, 2011, 34 (1).

[99] 董秀华. 美国研究型大学综合实力评估的实践及启示 [J]. 比较教育研究, 2002 (8).

[100] 段红梅. 博士生导师如何做思想政治工作 [J]. 中国高等教育, 2017 (21).

[101] 付八军. 知识经济与高等教育的相关性探析 [J]. 高等教育研究, 2005 (3).

[102] 高嵩. 20 世纪 60 年代美国高等教育改革与高等教育大众化体系的形成 [J]. 外国教育研究, 2006 (5).

[103] 耿会芬. 博洛尼亚进程背景下的法国博士生教育改革 [J]. 外国教育研究, 2009 (9).

[104] 古继宝, 蔺玉. 基于不同学科的博士生科研绩效管理 [J]. 科研管理, 2011 (11).

[105] 顾建民. 培养有竞争力的工程师: 德国工程教育改革透视 [J]. 吉林教育科学 (高教研究), 2001 (2).

[106] 顾剑秀, 罗英姿. 美国博士职业发展: 基于三次毕业博士职业发展调查的分析 [J]. 外国教育研究, 2015 (4).

[107] 郭必裕. 高校目标管理存在的问题及对策 [J]. 黑龙江高教研究, 2005 (1).

[108] 国家教委. 关于进一步改进和加强研究生工作的若干意见 [J]. 学位与研究生教育, 1996 (1).

[109] 国家教委, 国务院学位委员会. 关于学位与研究生教育改革和发展的若干意见 [J]. 学位与研究生教育, 1993 (3).

[110] 贺向东. 论知识经济与成人教育 [J]. 北京成人教育, 1998 (7).

[111] 衡小红, 穆飞, 刁鸥, 等. 工科博士职业选择的局限性和应对方案探索: 以某高校机械工程专业博士就业去向为例 [J]. 大学教育, 2015 (9).

[112] 胡德鑫，金蕾莅，林成涛，等. 我国顶尖研究型大学工科博士职业选择多元化及其应对策略：以清华大学为例［J］. 中国高教研究，2017（4）.

[113] 胡四能. 21世纪博士教育的目的及其思考［J］. 高等工程教育研究，2008（4）.

[114] 黄海刚. 以学术为业：美国博士生教育本质之争［J］. 清华大学教育研究，2009，30（6）.

[115] 季海涛，凌和军. 学习迁移能力研究综述［J］. 扬州大学学报（高教研究版），2013，17（S1）.

[116] 吉奕. 生物医学工程专业特色教育的培养模式与培养方案的改革与实践［J］. 当代教育实践与教学研究，2017（6）.

[117] 贾莉莉. 尊重学科差异性，重构学术评价制度［J］. 大学（研究与评价），2009（Z1）：24-27.

[118] 江珊. 英国顶尖大学工科博士研究生教学助理制度及其现实借鉴［J］. 高等工程教育研究，2015（4）.

[119] 李健，洪成文. 中国高等教育软实力的内涵及建设路径［J］. 大学教育科学，2018（5）.

[120] 李盛兵. 德国博士生教育高水平的历史探因［J］. 高等教育研究，1994（2）.

[121] 李小慧，武灵芝，吴建盛，等. 工科院校生物医学工程专业生物学实践教学改革与实践［J］. 教育教学论坛，2016（7）.

[122] 李燕平，郭德俊. 目标理论述评［J］. 应用心理学，1999（2）.

[123] 梁传杰，罗勤，梁碧涛. 对研究生学科专业目录调整的回顾与思考［J］. 中国高教研究，2007（1）.

[124] 梁兰，张怀岑，何青，等. 生物医学工程专业学生创新能力培养的探讨［J］. 教育教学论坛，2016（20）.

[125] 刘化章，倪哲明. 以创新教育为目标，全面提高博士生培养的质量［J］. 高教与经济，2005（1）.

[126] 刘慧强，樊孝喜，段颖妮，等. 探讨"医工结合"对生物医学工程专业发展的现实意义［J］. 教育现代化（电子版），2017，4（31）.

[127] 刘娇娜. 医科类院校新设专业学生就业工作探索与实践：以沈阳药科大学生物医学工程专业为例［J］. 世纪桥，2016（3）.

[128] 刘娟. 校企合作：欧洲博士生培养改革的新选择［J］. 大学（学术版），2012（1）.

[129] 刘青，闫思. 基于雇主需求的英国博士人才培养新模式：兼论博士人才的可雇佣性开发［J］. 比较教育研究，2008（1）.

[130] 刘亚敏,胡甲刚. 欧洲博士生教育改革十年:从政策到行动[J]. 学位与研究生教育,2010(6).

[131] 陆华. 波洛尼亚进程中法国的四种声音:一体化VS保持特性[J]. 比较教育研究,2006(9).

[132] 罗珉. 目标管理的后现代管理思想解读[J]. 外国经济与管理,2009,31(10).

[133] 罗英姿,李雪辉. 专业学位博士研究生培养的路径依赖及其优化[J]. 学位与研究生教育,2018(5).

[134] 闵卓. 从贝尔实验室的发展谈我国工科领域博士生的培养[J]. 电气电子教学学报,2000(4).

[135] 木子. 学位和研究生工作座谈会在京召开[J]. 学位与研究生教育,1984(1).

[136] 潘后杰,李锐. 欧洲中世纪大学兴起的原因、特点及其意义[J]. 四川师范大学学报(社会科学版),1993(3).

[137] 潘金林,龚放. 多元学术能力:美国博士生教育目标新内涵[J]. 学位与研究生教育,2010(7).

[138] 全守杰. 德国工科大学的博士生教育探析[J]. 研究生教育研究,2011(6).

[139] 汤晓蒙,刘晖. 从"多学科"研究走向"跨学科"研究:高等教育学科的方法论转向[J]. 教育研究,2014,35(12).

[140] 王东芳. 博士生教育质量评价:新情境下的挑战与启示[J]. 学位与研究生教育,2012(2).

[141] 王东芳. 培养学科看护者:博士教育目标的学科差异[J]. 复旦教育论坛,2015(2).

[142] 王国明. 从"培养目标"到"质量目标":"教育质量"观发展演变的一种趋势[J]. 当代教育科学,2012(19).

[143] 王淑芳,宋存江,丁丹,等. 应对多学科交叉融合对复合型人才培养提出的新挑战[J]. 高校生物学教学研究(电子版),2016,6(2).

[144] 王孙禺,袁本涛,赵伟. 我国研究生教育质量状况综合调研报告[J]. 中国高等教育,2007(9).

[145] 王婷,陈功. 生物医学工程专业毕业生就业分析及探讨[J]. 医疗卫生装备,2015,36(9).

[146] 王文礼. 当前德国博士生教育改革的措施及其启示[J]. 现代教育科学,2015(11).

[147] 王雪双. 博士生培养的变革与模式创新:以英国和澳大利亚为例

[J]. 世界教育信息, 2016, 29 (23).

[148] 王延吉. "回归工程"还是"回归教育": 美国工程教育改革断想 [J]. 北京航空航天大学学报（社会科学版）, 2013, 26 (1).

[149] 吴敏, 姚云. 美国专业博士学位的学科与规模特点研究 [J]. 学位与研究生教育, 2018 (8).

[150] 武学超. 模式Ⅱ知识生产观的提出与学术争论 [J]. 江苏高教, 2010 (3).

[151] 向智男, 王应密. 工科直博生培养体系的创新与思考: 基于M大学工科直博生培养的调查分析 [J]. 研究生教育研究, 2014 (1).

[152] 谢申菊. Discoverg VH 的符合成像原理及其质量控制 [J]. 医疗设备信息, 2006, 21 (9).

[153] 徐贞, 牛梦虎. 就业多元化趋势下博士生教育改革研究 [J]. 教育发展研究, 2017, 37 (9).

[154] 薛子帅. 跨学科博士生培养的学科差异分析 [J]. 江苏高教, 2015 (3).

[155] 杨秀君. 目标设置理论研究综述 [J]. 心理科学, 2004 (1).

[156] 杨宇. 德鲁克目标管理理论评述 [J]. 中国高新技术企业, 2010 (3).

[157] 施瑞尔, 赵雅晶. "博洛尼亚进程": 新欧洲的"神话"? [J]. 北京大学教育评论, 2007 (2).

[158] 张波. 导师对工科类博士生"软""硬"创新特质培养思考: 以北京理工大学为例 [J]. 中国校外教育, 2013 (36).

[159] 张海生, 张瑜. 多学科交叉融合人才培养的现实问题与发展策略: 基于12所高校生物医学工程专业人才培养方案的文本分析 [J]. 重庆高教研究, 2019, 7 (6).

[160] 张洪峰, 薛党勤. 基于提高学习迁移能力的教学方法研究 [J]. 当代教育论坛, 2010 (7).

[161] 张平, 张影. 教学档案袋评价的基本原理及其在美国高校中的应用: 以内布拉斯加大学林肯分校教学档案袋评价为例 [J]. 桂林航天工业学院学报, 2015, 20 (3).

[162] 赵锋. 以创新能力培养为核心提高博士生教育质量 [J]. 中国高等教育, 2011 (Z1).

[163] 赵炬明. 学科、课程、学位: 美国高等教育专业研究生培养的争论及启示 [J]. 高等教育研究, 2002 (4).

[164] 赵世奎, 沈文钦. 博士就业的多元化与我国博士教育目标定位的现实

选择[J]. 教育与职业, 2010 (27).

[165] 朱宁洁. 博士生教育研究中欧比较[J]. 清华大学教育研究, 2010, 31 (1).

[166] 朱志, 于洋, 闫永胜. 博士生思想教育、心理和体质健康研究[J]. 新丝路(下旬), 2016 (12).

[167] 庄丽君, 刘少雪. 培养规模和就业变化对博士生教育的影响研究[J]. 研究生教育研究, 2012 (4).

[168] 国务院批转教育部面向21世纪教育振兴行动计划的通知[J]. 中华人民共和国国务院公报, 1999 (2).

致　谢

　　生命，是自然赋予人类的一块待雕琢的美玉，历经岁月打磨，方显璀璨光华。光阴似箭，岁月如梭，六年多的博士研究生生涯即将逝去。在博士论文付梓之际，回首这段激情燃烧的岁月，有亢奋、有郁闷、有激动、有苦楚，百感交集，感触良多。在职攻读博士学位的求学之路充满艰辛，也曾有过无数次想放弃的念头，但勇气、梦想和执着始终激励着我，伴我风雨兼程、一路前行。虽然，我付出很多汗水和代价，但我无悔于攻读博士学位的决心，无悔于这六年多的寒窗苦读。因为，这一路走来，我感到格外的幸运，有那么多师长和前辈们的呵护与引导，有那么多同学和朋友们的帮助与鼓励，有家人和爱人在背后默默的奉献和支持，点点滴滴，历历在目，感慨万分。我的每一步成长都离不开他们的鞭策与指点，怀揣感恩的心，在这即将毕业之际，谨向所有关心、支持与帮助我的师长、家人、同学及朋友，致以最诚挚的谢意。

　　首先，非常感谢我的恩师刘少雪教授。六年前，少雪老师不嫌弃我才疏学浅，将我收于门下，打开了我人生的幸运之门。少雪老师对我有着深刻的影响，是我一生求学、治学和为人师表的榜样。这么多年来，师门在少雪老师的带领下始终坚持组织团队学习的例会制度，风雨无阻。在每次例会上，少雪老师从大的研究选题、框架构思、方法设计，到小的章节安排、行文逻辑、遣词造句，都无不倾囊相授、悉心指导。"谆谆如父语，殷殷似友亲"，少雪老师的耐心、细致与严谨不仅令我动容不已，更令我感受到大师的风范，有师如此，幸甚！

　　其次，感谢参与我论文研究并提供帮助的27位访谈对象。他们分别来自各行各业，有些是同学，有些是朋友，有些是师长，有些甚至是萍水相逢的陌生人，他们都非常热情，体贴而周到地回应我的访谈，尽心回答访谈中的问题，以自己的亲身体验和感悟，知无不言、言无不尽，为我的论文研究提供丰富而宝贵的数据和素材，为我的论文研究助力、添彩！在此，我无法一一列举，只能特别感谢其中的一部分，他们是杜朝辉教授、曾小勤教授、单爱党教授、王敏教授、仵彦卿教授、廖世俊教授、邹早建教授、周岱教授、童善保教授、沈红斌教授、鲍华教授、李江先生、孙承先生、应陵女士、石英女士、刘捷先生、蒋渊女士、吕扬先生、陈虎先生、谢华先生、蒋彦庆先生和彭运洪先生等。

再次，感谢为我论文研究指点迷津的同窗好友和前辈，虽然每次例会结束我都能感到锥心的痛，但同学们的犀利点评为痛定思痛的我理清了论文研究的脉络、拓宽了论文研究的思路，可以说，我的论文研究总是在例会之后实现了跨越式的提升。虽然成长中的痛苦令人难以忘怀，但其中也充满了乐观向上的鼓励和朴素无私的支持！在此，特别感谢来自上海交通大学高等教育研究院的朱佳妮老师和朱佳斌老师、余天佐同学、吴凡同学、陈丽璘同学、于汉存同学、张仁伟同学和江珊同学等。

最后，感谢我的家人，他们永远坚定地站在我的身后，默默无私地奉献着爱与宽容。在这七年间，由于繁忙的工作压力、繁重的学习负担以及其他因素，我住了四次医院，做了三次手术，也经历了很多其他方面的困难，甚至动摇了继续学习的信心。他们一直都是我最坚强的后盾，是我最温暖的港湾，给予我信心与帮助，使我得以在病痛之余全身心地投入学业，没有因为生活和工作压力而放弃梦想与追求。他们既是我的榜样，又是我一路披荆斩棘前行的力量。

寥寥数语，不足为谢！谨以此文，献给我生命中每一位爱我的和我爱的亲人、良师与益友。

唯愿岁月静好，寸草情长！

刘 俭
2021 年 7 月